U0579800

张文质 / 著

迷恋的教育学

MILIAN DE JIAOYUXUE

漓江出版社

·桂林·

图书在版编目（CIP）数据

迷恋的教育学 / 张文质著 . -- 桂林：漓江出版社，
2023. 1
ISBN 978-7-5407-9350-0

Ⅰ.①迷… Ⅱ.①张… Ⅲ.①家庭教育 Ⅳ.① G78

中国版本图书馆 CIP 数据核字（2022）第 235885 号

迷恋的教育学

作　　者　张文质

出 版 人　刘迪才
策划统筹　文龙玉
责任编辑　宗珊珊
营销编辑　俞方远
封面设计　曾　意
责任监印　黄菲菲

出版发行　漓江出版社有限公司
社　　址　广西桂林市南环路 22 号
邮　　编　541002
发行电话　010-65699511　0773-2583322
传　　真　010-85891290　0773-2582200
邮购热线　0773-2582200
电子信箱　ljcbs@163.com
网　　址　www.lijiangbooks.com
微信公众号　lijiangpress

印　　制　天津嘉恒印务有限公司
开　　本　710 mm×960 mm　1/16
印　　张　14.5
字　　数　210 千字
版　　次　2023 年 1 月第 1 版
印　　次　2023 年 1 月第 1 次印刷
书　　号　ISBN 978-7-5407-9350-0
定　　价　49.80 元

漓江版图书：版权所有，侵权必究
漓江版图书：如有印装质量问题，可随时与工厂调换

目录

与教育有关的思索

生命，要随时面对不可能

你要配得上你现在的生活

自序：跟着词语过教育生活

　　我必须小心翼翼、坚定、明确地保持"个人性"，在这里我把"个人性"看作为复杂的精神状况注册的简明扼要的标签，说起来所有的问题都可归结为在各种不可思议的状况下，如何才能活出意义？每天我的工作就是要回到教育的源头去追问，每天又要从这里不停地迈出生命的步履，探向未来之路。我的老友愚木兄却对我说，我不忍心告诉你，你或许多睡一会儿，有空就躺到床上去，才是更为妥帖的事。

　　愚木兄显然是个"躺平主义者"，他自己则更愿意自称为"生命主义者"，意即要活着，顽强活着，不管不顾地活着，他说这样我就与你的"个人性"殊途同归了。他又补充了一句，在我看来，你的"个人性"其实说的就是教育性。

　　其实在我们讨论这些问题时，已与年轻时的意气风发大不相同了，我们自然都是有"国命感"的人，唯有此时方知个体作为社会人之意义何其微薄，这也并非坏事，退缩、自省，回到个人的日常都是再好不过的选择，即使每天仍然会在各种愤怒中折腾而忘了什么是对自己更好的事情。愚木兄说，这是一种秋虫的情绪，因此我们才应该更爱惜属于自己的时光，不是说你不能再犯错再求取更多，而是指留给你纠错的时间已经像兔子的尾巴一样长不了了。

　　时常都会有这样的情形，即无论讨论什么问题，我都会沿着某一些词语不断延荡开去，我不是要找出真相，我只是沉溺于自己"不负责任"的思维乐趣，我是词的生活家，手无缚鸡之力的田园爱好者，看山时忘记了自己仍在山中的"时间的噪音"，我长时间就是依照教育而过活。我大声地对着一棵榕树喊叫，榕树居然应和着时令与我的叫声落叶纷纷。

我记得很多学者喜欢法国思想家雷蒙·阿隆的一句话，也就是他为自己提出的两项最重要的任务："尽可能诚实地理解我的时代""时刻不忘我的知识的局限性"。"尽可能诚实"意味着要去除幻觉、贪恋与任何的私心，还要从各种各样的遮蔽中挣脱出来。一个人能够借助的无非就是信仰、知识与经验，联系雷蒙·阿隆的另一项任务"时刻不忘我的知识的局限性"，人大概唯有跟随自己的信仰，方可有一点点胜算，不受诱惑，远离邪恶，像圣徒一样去承受自己一切的苦厄，这才是最难的，也是最值得的。

前一阵子京城的李公之先生回到福州，我们多次一起喝茶、散步、看风景，他要为近代的福州写个"城记"，写写那些身上有硬气的人物，他说："有点奇怪的是这个女性文化主导的城市，在近现代怎么出了那么多忠臣与死士，这样的精神在闽人的血脉中还有吗？"

李公之先生是个思想家，擅长于宏大叙事，而我则是一个没落的专情于教育的私语者，我的研究并非与这一切毫无关联，却已然在各种虚无、落寞、发呆之中转化成了个人的小词。我每日的问询实在也解决不了自己人生的困顿与学校变革的难题，对历史的缅想倒是增加了不少生命的厚度，这算不得什么硬气，这是一点作为一个人的生趣，也是我赖以自我抚慰的工作。

有人与我讨论这一切似乎也激活了一些久已沉寂心底的旧词，正如愚木兄所言，词语往往就是我们生命的写照，旧词属于旧的时代，它也并不会死去，只不过早已与灰烬相伴。对我而言，思考这些就必然会继续保持着对生活的介入态度，同时活着也就意味着仍然相信人性的力量。

张文质

2022 年 8 月

父母教育
共识与角色分工

父母就是孩子的命运

说一个复杂而又简单的问题，其实我在很小的时候就有一种领悟力，我就很清晰地、明确地意识到——父母就是自己的一种命运。

在乡下那样贫困、逼仄、无望的环境里，很多人会想到的是社会整体对人的影响，这肯定是更重要的，但是这种时代的命运难逃啊，这是每一个人都必须面对的。另一方面，我很清楚地明白，我生命中最重要的一切还是跟父母最为密切、深远关联着。我后来在读书与讲课时提及，这种梳理并不是为讲课才开始进行的。这样的理解力，可以说是我很小的时候就意识到的。

也可以这么说，我从小就特别好强，特别有志向，特别希望自己能够有一个很广阔的成长前景。其实这并不是从课堂中、书本中得来的，核心还是在父母。也就是说，他们用持续的、特别强烈的、特别有目的性的方式一直在推动着我的成长，这是比较正向的一方面。

另外一方面，我特别早就对乡村生活、乡村文化、乡村习俗，父母的关联以及他们某些见识、理解力等方面的局限性有所意识，我确实很认真地去思考过这些问题。所以当我自己成为父亲的时候，我是带着比较强的意识的——我也成为我孩子的命运，我的生活方式，我对待她的态度、情感，以及各种相处、引导，所有的一切，一方面是你把她生出来，这是最重要的一个起点。另外，从这种后天文化里面，也就是我是一直很努力地去做一个自觉的父亲的。

今天说起这个问题是因为有个朋友向我咨询，前阵子有私立学校

A 邀请他，应该说这些私立学校条件还是比较好的，特别是教育的版本相对于公立学校（1.0 版本，2.0 版本，我也见过 3.0 版本的）要高，而他跟我讨论的私立学校进入了 4.0 版本，完全是以培养到海外求学为目的的，课程设置、师资、教育观念等方面，跟体制化的学校是有很大差异的。这位朋友也意识到，向往的未来也许在 A 校这边。但是你要有勇气去做这件事情真的是很难。有时候我们可能会说"我条件具备了"，其实最核心的条件是心智的条件。

心智，是人生的愿景，是对孩子的期望值。其实对孩子期望值的高度，是跟父母的见识有关系的。有的孩子是自己一步步走，而后看到更开阔的世界；更多的孩子是父母帮助着、引领着、支持着看到那个世界。即使是前一种自己看到那个世界的孩子，也是父母在推动着，这点极为重要。

在与朋友的交谈中我有了这样的一种认识，确实父母就是孩子的命运，几乎所有人都如此。这时候，我会把"命运"看成一个中性的词汇，它蕴含了各种可能性，有的是一种局限，有的可以称之为一种幸运。有时候一个人做不到自己想要的，原因是很复杂的。比如说，他有时是有这能力的，但是从来没有得到过鼓舞；有时能力方面有所欠缺，如果有父母的真挚帮助，竭尽全力所给予的支持，孩子就会走得更远一些。同时，在行走过程中，内心更为光明敞亮，常常充满着激动与愉悦，而不是惊慌与痛苦，患得患失。

当然，我们也会这样想：机会是给有准备的人的。其实，所谓的准备（最高的准备），就是一种生命的自觉。也就是说，不是事到临头才慌忙地去思考，这种思考更多的是出于功利得失、趋利避害，从某种意义上说，它是一种生命的权衡与算计。我说的这种自觉，指的是充满了勇气，有跟孩子一同去奋斗、去挣脱束缚、去赢取更好生活的变革意识。

亲子之间，也是一个思想的共同体，这样的思想共同体会相互涤荡、相互推动。这时候，就可以称之为"我们始终在成长过程中，我们始终处于一种极为美好的共同成长的过程之中"。

2018 年 1 月 25 日晚

家庭中最应该受教育的是谁

我在全国各地给中小学学生的父母讲课，发现了一个普遍的现象：来听课的绝大多数都是妈妈，也会有一些父亲来，但是父亲所占的比例都是特别低的，一般情况下是十分之一左右，有时候会多一点点。我经常谈到我的一个观点，2005 年我就提出中国最需要受教育的不是孩子，而是他们的父母。我现在要对这句话做一个补充，在中国最需要受教育的不是孩子，而是他们的父亲。

有时候，我会建议一些学校的家长会要专门邀请父亲到场，这样的场合也曾经有过几次。当我也作为一个父亲跟在场的几百个父亲做教育讲座的时候，那种感觉是完全不同的。我认为中国最需要受教育的是父亲，因为在很多家庭里面父亲缺席、父亲不在场或者父亲经常不在场，父亲没有介入孩子的学习与家庭生活，这是非常普遍的一个现象。

实际上，父亲的缺席或者父亲经常不在场，已经带来了诸多孩子成长方面很严峻的问题。我们直观地说，很多所谓的巨婴，就是一些长不大、一直不成熟、一直不愿意承担责任的孩子，这往往都跟父亲的缺席有很大的关系。

在哺育孩子的过程中，所有的妈妈都可以做一个更好的妈妈，但是她需要孩子父亲的帮助。也就是说，父亲介入孩子的生活，承担起一部分"孩子教育"的责任，有助于妈妈专注于做妈妈。说实在的，母亲这个角色，在孩子早期的成长过程中，付出很多，甚至可以说身心疲惫。

父亲的帮助，不仅是从家庭事务上能够为母亲分担，更重要的是精神的支持，让母亲更为坚定，内心减少焦虑。实际上孩子很小的时候就能够感受到父亲的存在。父亲如果不在场，孩子也会感到焦虑，虽然这种焦虑会弱于母亲的缺席所带来的巨大的困扰与不安。

再有就是父亲在场，他介入孩子的生活，会给孩子带来非常直接的影响。这个影响就是帮助孩子建立起一个由父亲跟母亲这两个角色所构成的成长环境。也就是说父母同时在场，共同承担对孩子成长的这种责任，它本身对孩子的情感发展、心智发展，是一个巨大的帮助。

就一般的家庭生活而言，父亲也不应该缺席。父亲因为孩子的出现而有意义，有价值，这一点对很多父亲来说，可能会被忽视。其实他的存在非常重要，他能够帮助母亲成为更好的母亲。

同时，父亲这种品质的存在，就是我经常所说的"女主内，男主外"，实质上就是母亲帮助孩子情感世界的完善，而父亲则帮助促进孩子社会化的发展。这里面就有一个父亲品质的影响，就是男性品质的传递，这个观点来自英国的儿童心理分析大师温尼科特，他特别强调父亲作为男性品质的这种自然传递的作用。

所有的孩子正常的一种心理需求跟生活需求就是他总会很自然地先找母亲，然后找父亲。当母亲在场的时候，他自然就会马上去找父亲，人天然的需求里就有母亲跟父亲共同的这种存在，只有这两种力量的合力，对一个孩子的发展与帮助才是完整的。

还有一点很重要，就是刚才说的父亲的男性品质，它对解决孩子在成长过程中出现的所有困惑，包括情感的困扰、不安全感，都是极有帮助的。当孩子跟外界打交道感到犹豫、害怕的时候，父亲的出现实际上就能够大大地提升孩子的勇气和自信力。

"父爱如山。"父亲支撑起孩子生命里最为强大的一种自信力。父亲的存在，父亲的生命本身，会促进孩子的生命更好地发展。所以父亲们要时刻意识到你是家庭的靠山，你是孩子成长中最重要的生命支撑。你要更多地回到孩子的身边，你要跟孩子共同成长，你的成长能够从本质上帮助孩子更健康地成长。

2020 年 7 月 13 日

聊聊驯兽式教育

今天和几位朋友聊起所谓的驯兽式教育。驯兽式教育其实是可以分成几种类型。

比如"马拉车"，在马的前方放一些马爱吃的食物（如胡萝卜），但马一直吃不到，这是不是"马拉车"，我也不是太确定。还有一种是"毛驴磨面"，把毛驴的眼睛蒙起来，让它没完没了地走路。另有鱼鹰式，鱼鹰捕到鱼就会得到奖赏。对狗的训练也大体如此，让狗做一些动作，做完就能得到具体的奖励。还有对大象的训练，往往是让大象和小象母子分离，这样小象就能听话。

当然，曾经还有人对老鼠进行训练：当老鼠要得到某个食物的时候，都会伴随着一些疼痛。比如说电刺，刺多了后它就会对某个食物恐惧有加。还有以前看到过的跳蚤实验，限制它的跳跃高度，跳蚤一次次跳跃失败后，它就失去了最基本的弹跳能力。另外还有很多其他名目繁多的对常见动物的训练与折腾方式，统称为驯兽。

如果要归纳一下，无非就是：一是限制它的本能欲望与基本能力；

二是剥夺它的自由，控制它对亲情的基本需求；三是把它的功能与能力单一化。大体上就是人类剥夺动物天然的本能，扭曲它的天性，又以一些奖励的方式发展它的某些特殊才能为人类所用。

之所以称之为驯兽式，首先是把人兽化、动物化，把人工具化，不尊重人的本性、天性，不尊重个体最基本的权利。也可以这么说，这种驯兽的方法在动物身上是"有效"的，这些方法同样也经常在人身上"有效"。也就是，越残酷的教育，越整齐划一、越功利化的教育，它遵循的就越是这种驯兽逻辑。从所谓的结果来看，很容易达到这种驯兽式的教育者所设计的目标。

实际上可以这么说，"自然的总是最好的"。教化（或驯化）就是使人的天性重新统整到一个轨道上。人类对动物的训练基本上是以人类的欲求为导向，手段上就是"胡萝卜加大棒"，有些大棒是既反人性又反兽性的，手段极为残酷，对动物的伤害也极其严重。

所谓的驯兽式教育，就是把对动物训练的手段运用到教育中来，无论是在家庭教育、学校教育，还是其他专门教育场所，我们经常可以看到有些手段被灵活运用，有的甚至"无所不用其极"。

谈论教育，人们所要遵循的逻辑无非是这三个方面：第一，是人性（人道）的逻辑，发展人、成全人的逻辑。第二，是从法律意义上尊重人的尊严、人的权利，尊重人的自主性与个体性。第三，尊重人个体生命最基本的选择。在教育过程中，始终考虑人的体验、感受、好恶、喜乐等。我想说的是，我们要把这种逻辑系统与分析系统放置到具体的教育生活里去做一个参照，你就自然会得出一个结果来。

2018 年 5 月 14 日

回到古法孕育

父母对孩子的保护意识，是父母的一种天性。这种保护天性又可以分为积极的行为方式和消极的行为方式，有些行为方式是比较病态的。我们可以从一些影视作品里看到一些极端的例子。比如有些家长担心自己的孩子，寸步不离地守护着自己的孩子，甚至不愿意让孩子上学。这样的家庭生活一定是很糟糕的，孩子的成长也一定会出现各种各样的问题。

据我了解，这种情形在生活中并不少见。有的妈妈对外界有一种恐惧心理，比如送孩子上幼儿园之后，完全没办法释怀，没办法放松，没办法有安全感。她就需要在学校里，在幼儿园里陪伴着孩子，或者动不动就跑到幼儿园去看望孩子，这本身就有点病态了，要改变她非常困难。我曾经说过，你没办法改变一个人的经历，也没办法改变一个人由这些经历所形成的某种感受力与理解力。

其实，这种恐惧是人类的一种正常的对世界的体验方式。因为人类本身就生活在各种各样的艰难困苦和危险中，甚至亲历了各种悲惨生活。所以，恐惧也是人的一种本能的记忆。在不同的人身上，这种恐惧本能也会有不同的反应模式，重要的一点就是它往往跟每个人早期的生活相关联。

从人类的天性而言，一个孩子从出生的那一刻开始，就需要跟母亲生活在一起。跟母亲紧密联系，实际上是人的本性需要。

我提出一个观点：孩子最好依靠古法孕育。所谓古法孕育，就是要按照孩子的天性，按照人类自古以来的方式哺育。孩子的成长要跟母亲在一起。特别是婴儿期，孩子要喝母乳，要有妈妈温暖的怀抱，慈爱的目光，熟悉的味道，温柔的声音。幼儿期，孩子要有母亲的亲密陪伴，孩子感受到的，是来自母亲亲切的关爱，是充满情意的、充满欣喜的、充满鼓舞的声音。

当孩子什么都听不懂的时候，他是听得懂母亲的爱的。母亲的爱给了孩子满满的安全感和生命的欣喜感、幸福感，以及鼓舞和激励。一个人来到这个世界上，母亲和自己是彼此最期待的人。

关于问题孩子的成长，如果我们去追溯，会发现有很多问题孩子都跟过早地离开母亲，或孩子生活在母亲身边的时间太少，或者母亲跟孩子在一起的时候缺少亲情的互动有关系。

在亲子关系上，我跟很多学者既有相同的观点，也有不同的观点。不同就在于我会特别强调对生命本性的一种尊重。也就是说对母性本身意义的肯定，这对生命而言是最为重要的。母性本身的意义，其实就在养育孩子、陪伴孩子、鼓舞孩子、唤醒孩子。它比所有的知识、财富，以及其他各种优裕的条件都更为重要。

母爱的满足，会带来对孩子生命的正面的积极的抚育。也就是说，一个人从出生开始就沐浴在浓浓的爱与安全感之中，当他面对各种困难的时候，他就会更相信自己，因为这种相信是从母亲那里所获得的。如果没有获得这种信心，而要有力量就非常困难，从一开始就生活在恐惧与撕裂之中的孩子很难走出心理阴影。

生命成长的很多问题，就是亲子之间关系的问题。有人向我咨询的时候，我总是会追溯到这里，也就是首先要知道亲子之间的真相。

2020 年 4 月 28 日

先有家庭生活，再谈家庭教育

谈到"疫情期间家庭生活改善，乃至于重建的重要性"这个话题，其实是需要有更明确的一些说法的，因为在疫情期间，孩子宅在家里，家庭会有很多矛盾。长时间的封闭生活，有一些矛盾会被激化。另外，孩子学业上的一些问题也会暴露无遗。

学业上比较重要的问题，一般来说是指孩子的学习自觉性、专注力，包括责任感，都面临极大的考验。尤其是父母上班之后，孩子独自在家学习，其效果是比较差的。于是家庭就会产生新的矛盾，这个新的矛盾既有针对孩子学业问题而产生的，又有原来的亲子关系、家庭关系中的种种问题。

我是有这么一个担忧的，实际上，疫情还带来了人的很多心理上的冲击，包括对未来的生活、工作的某些恐惧感，以及关系到国家的一些重大调整，也会进入我们讨论跟关注的中心。也就是说，在家庭内部会形成种种压力，这个压力对家庭关系，包括亲子关系，都会产生诸多不利的影响，这确实是不可低估的。

我讨论过一些沿海城市学生不珍惜生命的问题，实际上这也跟疫情下的生活状况有关系，跟孩子的学业状况有关系，也跟家庭亲子关系、家庭关系都有关系。另一方面，这些矛盾的激化，包括导致了对孩子的伤害，要多从个人生活的文化背景上去思考。

日本有一个社会发展学家三浦展，他曾经在 2004—2006 年对日本社会，特别是中产阶级做了一个广泛的调查。调查发现中产阶级这个阶层对社会的忧惧程度是最深的，他们特别担心来之不易的中产者的身份，可能会因为疾病，因为失业，因为孩子培养的问题，因为各种意外的事件……因为种种因素的影响而地位难保。作者用了一个夸张的词，叫"下流社会"，这是日本的一种表达，就是从中产往下流动，他指出了中产社会的这种脆弱性是非常容易往下流动的，往上流动则是凤毛麟角，可谓危机重重。

中产阶层对孩子发展的这种焦虑，很容易变成家庭的一个主题。很多家庭的冲突跟对孩子发展前景的担忧紧密关联在一起。所以要解决这些问题，其实是很困难的，因为一些问题有很强大的社会背景，或者是孩子成长有很多现实的压力。

比如说在大部分城市，初中的孩子升到普通高中，升学率只有50% 左右，你可以想一想中产阶层的孩子，他们大部分不愿意升入职业类学校，而愿意升入普通高中，更希望升入好的普通高中。孩子的学业恐惧，到了初中阶段就达到了一个顶点，比高考压力还要大。同时，初中孩子身处青春期，其心理变化又达到了高值。所以学业的问题、家庭的矛盾以及孩子身心方面的巨大变化，多种因素交织在一起，是非常容易造成对孩子的严重伤害的。

实际上，所有的孩子，尤其是初中的孩子都会面临这些问题，但不等于说所有的家庭都不能处理好这些问题。我曾讲过我的一个朋友，一个教师，她孩子也是初三，她对自己孩子进行了周密的、细致的，也很积极的生活安排，孩子的精神状况很好。如果这些安排，父母完全没有全面的长远的思考，其实孩子是很容易出现各种各样的问题的。

说到建议，我觉得首先还是建议回到一种人的本性去思考问题。比如说父母能够回家吃饭，父母有更多的时间陪伴孩子，父母能够跟孩子有更多深入的交流。就像我的那位教师朋友，她跟孩子一起看同一本小说，看同一部电影，看完以后有很深入的交流，有更多的时间倾听孩子各种各样的想法，包括对未来的设想，对人生的规划，还有个人的兴趣爱好……实际上，这样的交流，对孩子精神状况的改善是大有益处的。

所以父母先回到家庭，先跟孩子生活在一起，父母成为孩子最重要的陪伴者，父母成为孩子最重要的分享者，这是最为重要的第一步。

2020 年 5 月 4 日

家庭尽早建立"不"的原则，孩子一生都会受益

有一位高中生跟他母亲发生了一些不愉快的事，从孩子的角度来说，他肯定有很多自己的理由，这些理由背后当然有另外一层意思，我们也要分析一下。

就现在学校的寄宿制对某些家庭的孩子来说，还是有一些不习惯的。一方面是人数太多，孩子的隐私空间几乎没有，再加上每个孩子家庭的差异也很大，生活习惯各方面会有一些冲突或者不愉快，而学校来处理这些问题，基本上都是以令行禁止的纪律为主，比较少关心到孩子某些个人的需要。从学校来说，要照顾到每一个孩子的需要，是有一定困难的。这个困难跟公立学校现在的办学条件、收费制度等关联在一起，所以改进是很难一步到位的。

另一方面，有一些孩子到了高中才开始寄宿，他已经习惯了家庭的生活，所以在学校寄宿遇到的挑战会更大一些，适应的过程也更艰难一些。有的孩子可能会打退堂鼓，或者长时间不适应，又只能忍受着，这对他的学习生活，包括对他的情感各方面都是有很大影响的，这些都是我们要考虑到的。

我们还可以接着考虑，每一个正常的家庭对孩子总是很疼爱怜惜

的，都舍不得孩子吃苦，因此，父母对孩子会照料得比较多。这也很正常，因为孩子学业负担真的很重，睡眠不足，各种生活上的困难也很多。

所以，第一，我们要看到父母对孩子的关心，或者说父母对孩子生活方面的照顾，这是很正常的。第二，不同的家庭培养不同的孩子，那么在家庭条件不好的情况下，需要更加注重培养他的独立性，培养他更强的生活能力，培养他更顽强的品格，培养他对各种生活困难的适应能力和克服挫折的毅力。说得直白一点，你的家境如此，你就应该更能吃苦一些。第三，有时候我们要对孩子说"不"，对孩子某一些过分的需求我们不支持，对孩子某些不良的习惯我们要制止。如果到了高一你才开始说"不"，那真的是太迟了。

说"不"要在 6 岁之前，6 岁之后才说"不"可能效果就很差了。13 岁之后才说"不"，这个"不"就很难产生成效。这样，亲子之间有时候就会闹得不愉快，就会有各种各样的冲突，甚至还会有一些意想不到的麻烦。

从某一角度来看，对孩子品格的教育、生活习惯的培养，对孩子能力的提升，其实就是从父母对孩子的"不帮助"开始的。所谓"不帮助"，就是这些事是孩子力所能及的，他自己能够做到的，父母就不要过度地宠溺了。

父母要对孩子不合理的要求说"不"，对孩子怕吃苦的表现说"不"，对孩子的自私自利说"不"，这样在家庭里就建立起一种叫"不"的原则。建立"不行、不能、不帮、不纵容"这样的"不"的原则是非常有必要的。人的天性都是利己的，是怕吃苦的，也是会突然比较脆弱的。你要改善它，就要从小抓起，你不要觉得孩子还小，不能太早说"不"，其实说"不"一定要趁早，这样才能使孩子形成规矩意识，才能让孩子明白哪一些事情是父母不会帮、不会原谅、不会支持的。

一旦孩子养成这个良好的习惯，他一生都会受益。比如说今后跟人相处，有时候被人拒绝了，他就不会难受；他有时候学会了拒绝别人，也不会觉得拒绝别人之后好像充满愧疚感。这对他今后建立良好的人际关系，实现对自己更好的人生管理，都是非常重要的。

我经常会说，在家庭里要有共同的最基本的原则，以对孩子的行为进行规范和管教，并且要有一个在这样共同原则底下执行的人。执行的人心肠要硬一点，特别是刚开始执行的时候，面对孩子的泪水涟涟可能会心软，但是只要你心软了，你希望达到的某些管理目标就很难做到位。起始处没有做好，后面要做好就会非常困难。

2021 年 3 月 29 日

父母教育共识与角色分工

近日，我对一个 6 年级的女生寻短见事件做了一些分析。当然，这个分析我也不仅是针对这个女生，而是把它作为一种现象进行剖析。剖析现象，主要是能够帮助我们理解生命成长的基本需求，以及生命的成长过程中，我们的孩子需要哪一些精神支持。

从孩子的成长而言，实际上在孩子 3 年级之后，也就是说 9 岁之后，更需要的是来自父亲精神的、情感的、言语的、生活的诸多方面的支持。比如说母亲如果对孩子溺爱——其实溺爱本身就是天性的一部分，但是这种天性会成为某种缺点，或者成为弊端——父亲的管教会起到教育的平衡作用。也就是说在家庭里面，父母既需要有共识，又需要有分工。

第一，所谓的共识就是对孩子成长的问题，夫妻之间要经常讨论，要不断地针对孩子具体的问题，一起探讨出更妥当的解决方案。

第二，还需要有所分工。在家务上有所分工，在对孩子的行为习惯所做出的某些评价方式上有所分工。就像我们经常所说的，一个人扮白脸，一个人扮红脸。

我们小学课本里有一篇文章，是一个美国作家写的。说他小时候的作文，妈妈总是夸精彩极了，爸爸总是觉得糟糕透了。其实这也是一种分工。妈妈的鼓励，使得孩子保持了对写作的热情；爸爸的批评与纠正，使得孩子对自己过分的骄傲有所抑制。后来，他真的成了作家。他追思说，父母这样平衡的教育对他的成长是非常重要的。这样的一种平衡的教育，在所有的家庭中其实都是极为重要的，这就是一种分工。

第三，就是父母角色的轻与重，其实随着孩子的成长也是要发生变化的。刚才我说到了 9 岁之后，其实母亲对孩子的影响就在不断地下降。有统计说母亲对孩子的影响下降到 40% 以下，父亲对孩子的影响就会上升。

如果父亲始终没有介入孩子的成长之中，则孩子的情感架构就会出现残缺。可以说，父亲其实是起着一种非常重要的、对孩子的成长有所示范的作用。这个示范在哪里？意义在哪里？这本身就是一种天性。因为母亲的角色跟父亲的角色有天然的不同。母亲更重要的是在孩子情感的完善与丰富上，起到辅助作用；而父亲更重要的是在社会角色，在担当责任、人际交往等方面对孩子所起的一种引导和帮助的作用。

如果父亲缺席了，其实孩子跟母亲的关系也会发生扭曲。比如说我们分析的这个案例，母亲所谓的溺爱，或者母亲本身跟孩子的关系就是非常有问题的。其实责任不完全在母亲一方，因为父亲的缺席，或者父亲跟孩子情感的疏远，会导致一系列问题出现。

如果孩子是独生子女，实际上更需要的是 3 岁之后，随着孩子成长过程中跟伙伴之间的交往，还有户外的活动，除了学业外的个人爱好——健康的个人爱好，这些就变得越来越重要了。在这个过程中，作为父亲，他带领孩子，他陪伴孩子，他促进孩子，这个角色的重要性是要超过母亲的。

所以我经常说，孩子有时候沉溺于某种不健康，或者有麻烦的爱好和行为习惯里，我们不要急着去责怪孩子。包括孩子刷你的微信、偷你的钱，都不要急着去责怪孩子。我们更需要反躬自省的是，为什么会发生这个事？为什么要到了这么严重的时候，我们才发现孩子的问题？之前我们有没有把目光投到孩子具体的生活？我们有没有关心他的情感以及生活方面的需求？我们有没有洞察到孩子成长过程中具体的、细微的变化呢？

如果都没有的话，那么我们对孩子的成长就是非常麻木、茫然的。其实，危险就在他成长的过程之中，只不过有时候我们没有发现，没有觉察，或者有些事情已经露出端倪、露出萌芽了，我们还看不到这些隐患有多么危险。

有时候可以这么说，孩子发生某一些事件，都有着非常深远的原因，而这种原因才是内在性的。至于某些不幸，不是这件事成为导火线，就是那一件事成为燃点。

总而言之，有时候悲剧变得非常难以避免。所以更为重要的是，父母本身对孩子的责任强化，父母本身与孩子之间的情感交流，父母本身对孩子成长的全面关注，这都是对孩子有着最为重要的影响的。

我又要再强调这一点，就是只有父母改变，孩子才能真正改变。

2020 年 4 月 9 日

教育孩子，一天倦怠就有一天的麻烦

我坐火车出行时，特别喜欢观察周围的孩子。每次坐火车多数会碰到有孩子同行，车厢里有的是爸爸妈妈带的孩子，有的是爷爷奶奶或者外公外婆带的孩子。在"文质说"里面，我也曾经说到过我的一些观察体会，今天正好又是坐动车，车厢里小朋友还挺多的，观察下来就特别有意思，大体是下面这样的。

车上有几个孩子，坐在我后面的是妈妈带的两个男孩。这两个男孩特别安静，一会儿睡了，睡醒了也很安静，一会儿跟妈妈轻声地聊天，一会儿两个小男孩在一块玩爱玩的东西，始终都不吵。

还有一个 2 岁多的小女孩，是爸爸带着的，打扮得就像小公主一样，非常可爱，也可以看得出爸爸对她特别宠。上洗手间都要爸爸抱着回来。这个孩子也很安静，说话也是细声细气，总而言之就是不吵。

但是另外一个孩子就比较吵了。这是一个 2 岁多的小男孩，是跟着外公外婆出行的，从福州上车开始就闹腾个不停。我统计了一下，闹腾了 3 个小时，孩子的精力真是非常旺盛，先是大声说话，大声吵闹，大声提各种各样的要求。看得出来，外公外婆开始的时候还是比较注意制止他这么大声的，一直跟他说你这样大声会吵到别人，但孩子显然听不进去，后来孩子就在车厢里跑来跑去了。

外公看样子有 70 来岁，跟在后面追，好不容易把他抓回来。不久，孩子又跑了，外公有点受不了了，就给孩子的妈妈拨视频通话，说我实在管不了了，你来管一管吧。从这个视频通话中，可以听得到妈妈在那边要求孩子不要吵闹，但这显然是没有什么效果的。

孩子基本是想说什么就说什么，想吵什么就吵什么，想往哪里跑就往哪里跑。我当时就在想，这种情况如果我是外公的话会怎么办？我仔细想了一想，真的觉得没什么好办法，你又不能打他，你又不能把他摁在那里，你又不能用一个框把他框住，因为实际上这些方法都不行，这也恰恰说明了教育有时候不是你想教育就能教育，你教育了就能产生效果，你不想让他做的事情，孩子就听你的话不做。

实际上，孩子不是这样的，孩子总是调皮的，这是生活的常识。这里有一个问题：为什么有的孩子不吵，有的孩子特别吵。有一个很关键的因素，爸爸妈妈带的孩子，以我的观察而言，大部分都比较安静。爸爸妈妈带着孩子旅行的时候，也往往特别注意提醒孩子不要大声说话，不要奔跑，不要做什么。孩子都是比较顺服的。

首先，爸爸妈妈的教育是更为有效的一种教育，这是其一。其二，其实并不是在眼下教育，就能够教育到位的，可以看得出来，你要想教育到位的话，一定要平时就注意管教。孩子本身就很折腾，人本身就是有各种各样的扭曲的因素，做家长的要慢慢地把它捋顺，随时要纠偏，随时要有教育的意识，提醒孩子，有时候要制止孩子，慢慢地，在教育孩子这一点上它就产生效果了。

这样教育，孩子就会有规则意识，即知道在家里跟家外是不一样的，私人的空间跟公共的空间，它的很多行为要求是不同的。孩子慢慢就会有一种自觉。但是如果你没有这样的教育，爷爷奶奶平时又都很骄纵，到需要孩子听话的时候，你不要认为他就能听话懂道理，你骄纵惯了，要让他听话是很难的，这是其一。

其二，爷爷奶奶的教育，我们经常会说好像溺爱了，其实重点不是在爱上，我在我的《奶蜜盐》里谈过这个问题。重点不是在爱上，重点是没有原则，没有规则，没有一些必要的规训。没有规矩，不成方圆，但是这个规矩是要慢慢培养起来的，所以，作为父母，一天都不能倦怠，一天倦怠，就会有一天的麻烦，这是一个很重要的常识。

2022 年 10 月 13 日

父母也需要不停地"断奶"，孩子才能成长得更好

我的一些大学校友居住在美国，这几年在微信上有比较多的互动，我发现他们的生活方式非常不一样。虽然有一些同学在美国生活了 20 多年，但他们的思维方式基本上还是中国式的，当然也特别关心中国的问题，关心中国的生活，念念不忘的是自己的童年，自己的成长遭遇；有的同学就特别美国式了，虽然也关心中国，但是日常的状态，比如说对孩子成长的这种"放手"——让孩子热爱运动，特别关注孩子与他人的交往，关注孩子个人的爱好等等，这一切都特别美国式。

我们这里所说的中国式、美国式，只是一个简单的划分。他们自己经常也会这么说，有的认为自己还是一个中国式妈妈，但有意思的是，有时候孩子不太愿意让你做中国式妈妈，孩子就会给你摁下停止键，叫你不要关心，不要干预，你做你的事情，我做我的事情。所以这样的妈妈有时候很失落，觉得孩子长大了，好像她就变成了一个多余的人。

还有一种家庭，先生是美国人，生的两个儿子也是美国人，就她是一个中国人，家里表决经常是三比一，有时候她会觉得很寂寞。中国的话题在家庭里没办法进行，所以她就会在同学群里唠叨，说个没完。中国人在海外生活，随着孩子的成长，怎么融入现在所在国家的生活？怎么跟这个国家的人做朋友？怎么与人交往？这是一个很大的

话题。

我经常思考，孩子如果要出国，年纪比较大再出去，他的心可能真的就是一颗中国心，中国式的情感、思维，而交往的人也很多都是中国人，生活方式也是很中国式的，所以孩子如果真正要融入那个社会，可能是要稍微早一点出去，才更容易融入一个陌生的环境，成为其中的一员。

当然，另外一个问题可能与更多人都有关联——孩子需要有什么样的一种素养，他才容易跟别人交往，才容易跟别人做朋友。说实在的，这个世界不管怎么变，它的主流里总有一种交融，交往总是会更为密切，全球化会影响到很多家庭对孩子的培养和教育选择，这是一个比较有意思的话题。

我一个朋友的孩子去日本留学，后来留在日本工作。朋友比较喜欢讨论时政，也喜欢讨论社会发展、一些哲学问题、人类命运共同体等，但是去年他很遗憾地跟我说："儿子现在在日本的一家大公司工作，他已经变得不愿意再跟我谈政治和时政了。"我说这也好，因为孩子总归有自己的生活，他现在成家了，也有自己的孩子了，他的关注中心是他的工作、他的家庭，而不是你所关心的那些话题。我说还是要祝福他，虽然你有点遗憾，你费了很多心思，希望把自己的孩子培养成能与自己讨论问题的对象，而今的结果看上去是失败的，其实并没有失败，只不过是孩子的思考方式、思考的对象产生了转移。

很多父母都会有这一类失落感。家长跟孩子所进行的交流，慢慢地会随着孩子生活环境的改变而改变，他所关注的问题领域的变化，就像风筝那样一下子就飘远了。虽然你还牵着风筝的线，但那线很细，那风筝在天上，你控制不了，因为它有自己的飞翔方式，对此，有很多父母会有点失落。其实，父母还是需要不断改变的，随着孩子的成长变化，你需要有相应的心理应变，当然更重要的是你要尊重他的生活形态，尊重他的一些思维方式的变化。

　　毕竟，每个人最终就是要活成他自己，他总是会有新的坐标出现。比如说我们有我们老的坐标，有我们时代的烙印，有我们出生的区域对我们的文化影响，有我们在大学所受的教育或者受的其他教育所留下的很深的痕迹，现在还有我们自己的朋友圈。我们的孩子也是如此，他也有自己的一切。

　　这里面有一个话题，我觉得也是蛮重要的。作为父母也是需要"断奶"的，要不停地"断奶"，你就会发现原来的孩子是你的孩子，而现在的孩子已经变得有点陌生了。其实是孩子长大了，虽然他是你的孩子，但是他有属于他自己的世界，他有他的人生。重建与孩子的对话方式，这是今天很多父母的一种人生的新的学习方向，即使孩子没有出国，就算是还在身边，但是孩子长大之后，他慢慢地也会形成自己的世界观、人生观、价值观，我们似乎更需要的是向他们学习。

2020 年 7 月 4 日

"拼爹时代"，父亲只有更努力才行

　　在谈论"拼爹时代"这个话题时会谈到一个观点，叫作"高配原则"，对这个高配原则，有一些朋友就会很好奇。什么叫"高配原则"呢？其实，高配原则就是动物的一种本能。

　　比如说在动物界，雌性动物要找一个伴侣，要给孩子找爹，一定是找强壮的动物，因为强壮的动物生育出来的孩子就会更强壮，孩子的存活率也会更高。也就是说，动物的本能就是为了繁衍后代，雌性的动物一定会找一个更强壮的雄性来作为交配对象，在动物界这是一个普遍的原则。所以狮群就有狮子王，很多动物都由最厉害的那个带领一群母性动物。而母性动物也非常服从强壮的雄性动物，这就是动物的一种本能，就是为了繁衍更强壮的后代。唯有更强壮的后代，才可能在大自然的丛林法则下繁衍，在优胜劣汰、弱肉强食的环境中生存下来。

动物界如此，人类虽然没有"被强迫"按照丛林法则去选择配偶，但在文化的大背景中一直也有这样的"高配原则"，比如听从父母之命、媒妁之言。

父母之命、媒妁之言时代找对象，总是有几个要素：第一个要素就是对方家庭的经济状况、社会地位、文化程度；第二是对方身体的健康，这个是生产能力、身体各方面的能力；第三才会说到相貌、性格等等一些要素。无论是哪些要素，其实都含有"高配原则"。

女方找配偶的时候，往往都会找比自己更强一点、更有优势一点的，至少要做到门当户对，更多的家庭都会选择更优秀的男性一方，然后嫁到这样的家庭里去。这样的家庭其实也包含了一种优生的原则。这样的夫妻结合之后，对孩子的生育，对孩子的教育，对孩子的发展都有一些优势。这样的高配原则对社会的积极发展，对社会的价值导向，对社会文化的变迁，都会有一些向上的价值、积极的引导，以及正面的影响。

我们常听说"拼爹"。"拼爹"拼什么？我认为拼的是父母对孩子的责任感，拼的是父母的价值观这些要素，它不仅仅是简单的、某个单一的向度。人的发展是需要在三观问题，以及身体问题、习惯的形成等方面加以高度重视的，这些最为重要的内容都是需要在家庭里实现的。在家庭里引导，在家庭里帮助，在家庭里形成最基本的素养，这是童子功，是让人一生受益的。

在古代传统家庭里，很多孩子无法上私塾或请家庭教师，往往父亲自己就做老师了，给孩子上最基本的文化课，学中国国学最基本的课程。

条件好的家庭，会专门请老师教孩子。自己家里有老师专门负责对孩子的教育，太重要了。家庭教师吃这一碗饭当然要尽心尽责，他还要有比较高的道德修养和学识水平。他培养孩子，孩子对他信从"一日为师，终身为父"的道德准则，会像对父亲那样去敬重他、敬畏他。这是一种良好的家庭教育模式。

而现代，孩子们都有条件送到学校去接受集体教育，但是送去学校不等于父母没了责任。尤其是父亲，不能当甩手掌柜。

实际上，对于父母来说，陪伴孩子学习，检查孩子的学业，督促孩子更认真、更用功，包括跟教师及时地沟通，了解孩子的学习质量、学习态度，跟同学的交往、责任心等方面，都是需要不断地去跟进的，不了解孩子就会盲目，就会误了孩子的前程。对父母来说，这些责任是最基本的责任。你生下孩子以后，这个责任就一日都不可放松，你放松了就会有麻烦。陪伴孩子成长，教育的细节不能误，误了以后若干年你再想补已经补不回来了。

成为父母之后，希望主动配合孩子"拼爹"，"拼"出有更强上进心、更强责任感的爹。

2021 年 8 月 21 日

父母要为孩子创造多种选择的条件

我曾经看到一篇文章，是一个大学物理系的学生写的，对自己的高中生涯做了回顾与反思。他高中的物理老师太厉害了，夸张地说，就是物理课讲得"天花乱坠"——当然"天花乱坠"是从褒义的角度来讲的——也就是让孩子们看到了一个极其美妙的物理世界，看到了远方和诗，看到了物理学者生命的丰赡，所以班上很多同学都爱上了物理。

这个学生也是沉醉于老师美好的物理教学中。老师的声情并茂、深入浅出、绘声绘色的物理课堂，使得他觉得自己就是一个物理天才，所以考大学非物理系不考，一定要把此生献给伟大的物理事业。

但是，——一说"但是"大家就知道，出某些状况了——这个学生上了大学之后，读了物理系，他发现其实在物理的学业方面，他是一个相当平庸的学生，也就是说在这个领域他觉得自己没有什么天分。他有点难过了，是继续读下去还是转系呢？于是他就有了一种反思。他觉得一个人在中学教育里遇到一个好老师，那就是一生的幸福。实际上道理没有这么简单，这么简单、武断的道理往往有些偏执。为什么呢？你遇到了一个很好的物理老师，他唤起了你对物理的热爱，如果你拥有这方面的天赋，才是你继续保持这种热爱的更重要的因素。

于是，他认为中学教师的教育质量应该要平衡一点，也就是说不能只有一个物理老师的物理教得很好，而语数音英老师都平庸，这种状况下，所有的孩子都读物理去了。但物理是不是你的真爱呢？你甚至说不清楚。真爱是要检验的。

这个学生上了大学以后，检验一下，物理不是真爱，是塑料花的爱情，塑料感情。好比一个孩子学书法，他是真的要学吗？还是看小朋友学他也跟着学，或者说爸爸妈妈要他学，然后他三天打鱼两天晒网，学了一段就不学了，然后家长辛苦地做工作，由"他学习"变成了"你要他学习"，怎么办？

有人说，你要检验他是不是真爱，最好是有一天生气了，把他的笔给扔了，甚至把他揍一顿。如果他又捡回来，如果不让他学他也要学，这可能是真爱。这出的当然是馊主意。反正我不支持这样的做法，我认为父母可以引导，但孩子的选择更多的要由他自己做主。

我的孩子曾经学国画，学一段时间以后，她就不感兴趣了。不感兴趣的原因很多，我就不一一分析了。她说她不学了，因为回来要做练习，我也觉得实在太麻烦了，老是要催她，而且她潦潦草草地画几笔，想一想还是算了，反正她不想学。所以我就跟她做了一个深度的交谈，交谈的主要内容是，她是不是真的不想学了？她说"是的"。

我说给你两星期的时间，这两星期你可以周末不到老师那边学画画。过两星期之后你告诉我，你真的不想学了，那就停了。如果你还想学，我们接着学。结果过了两星期我又问她，你是不是真的不想学了？她说"是的"，我说那你写下来，说爸爸我不想学国画了，然后签名，写上日期，也就是说这件事情是你自己做决定的。

后来她真的不学了，但没学不等于她对美术的兴趣就消失了。她高中的时候又对设计感兴趣了。后来，一直在绘画方面保持着浓厚的兴趣，包括对美术作品的酷爱。对于世界上著名的博物馆及其藏品，她也是走到哪里看到哪里的。

这是我处理孩子学画这件事情的方式。

当然，这里还有一点也很重要，就是要让他多长见识，而不是说大家都学音乐，你也跟着学音乐；大家都学奥数，你也跟着学奥数；大家都学乐高，你也跟着学乐高。

多长见识、丰富阅历，孩子就会有自己的主见和判断。当然，有时候也会有突发状况，比如那个学生说他不喜欢物理了，如果要我给他建议的话，我会建议他转去一个自己感兴趣的专业。我以前讲过一个朋友孩子的故事。他上了柏林工业大学之后，发现自己在数学方面没有天分，后来他不学了，退学了，然后自己写作，像他爸爸一样成了一个小说家，这也是一种选择。

在这里，我不是给家长提具体建议，只是给大家提出一种思考的方式。这个思考的方式，就是你要有更多的见识，要有更丰富的尝试。如果孩子发现选择有偏差，不妨支持他再作选择。

2020 年 5 月 26 日

父母如何帮助孩子解决真实的麻烦

我收到了一个长沙的好朋友的问候。她原来是一所中学的校长，那天她特地给我挂电话，说她每天都在听"文质说"，两个多月来一直没间断过。

她说每天听完之后，要等到音乐结束了才下线。下线之后，她还会回味很久。特别是这段时间，我一直在关注青少年的生命危机，对此，她特别有同感。她的孩子已经读大学了，当然，这段时间也宅在家里。她跟我交流的时候说，听了这个"文质说"之后，再来看孩子宅在家里的学习状况，就发觉自己对孩子的评价方式跟以前有所不同了。

比如说孩子学习完了之后，他要玩玩游戏，给朋友挂挂电话，或者是做一些他自己要做的事情，等等，她很高兴孩子有这样一种生活状态，也特别能理解孩子跟他人进行交流的需求。当然，作为一个教师妈妈，之前对孩子做的一些事情，她有时候评价会比较苛刻一点，或者是要求会比较高一些。而她现在会觉得松弛了不少，这个松弛其实就包含了对孩子评价方式的一个变化。现在她特别看重孩子的情绪状态、精神状态，认可孩子这种生活方式，包括跟朋友的互动等。

现在，她不是紧紧地盯着孩子完成自己的学业，一定要执行学业的具体要求，一定要达到什么样的标准，而是把这一些东西更多地交给孩子自己去处理了。毕竟，孩子已是成年人了，也就是孩子要逐渐地摆脱一个教师妈妈的安排和高标准要求。

其实，作为母亲，在督促孩子的过程中也会产生各种焦虑。有时候会在言语、表情里流露出来，也会带来家庭的不愉快。她觉得我谈了很多话题，她听完以后会花很多时间去思考，思考之后，就觉得对生命危机的这种重视是非常重要的。

同时，她大概又有点心疼我，她觉得我这段时间一直都在讲这个比较沉重的话题，她也知道一个人如果不断地去思考，不断地去应对，不断地去想着怎么解决这些问题，他自己的情绪肯定也会被带进去的，于是希望我不要陷入这样的情绪里。直接地说，就是让我自己不要抑郁。我没有抑郁，我只是有时候面对青少年的生命危机，包括他们发生的种种不幸的事件，是感到很难过的。当然，我也会不断地调整自己。

实际上人人都会面对这样的危机，有时候需要倾诉，有时候需要写作，有时候需要做一些别的事情，更重要的是要保持运动。比如每天都到公园里走一走，流流汗，晒晒阳光，保持心态的舒朗、明亮，这对所有人而言，都是非常重要的。就像有人说，这次疫情宅家，突然发现这个房子太小了，或者说家里人口多，真的还需要大一些的房子。

我当然不是给房地产商做广告，只是发现，人与人有一个社交的距离，即使在家庭里，家人之间也还是需要有自己的空间的，尽可能地不互相干扰，每个人在自己的空间里做自己喜欢的事情，这样对安顿自己的精神是有好处的。另外，这位老师还建议我，马上就要到"六一"儿童节了，希望有一些比较好玩的故事在"文质说"里跟大家分享。

肯定是有好玩的故事的。今后每个月我都要给大家做一次视频直播，跟大家有一个直接的交流互动，包括解决大家现场提出的问题等。今天也等于是提前说一下。

这段时间，复学之后出现了一些问题，特别是复学之后青少年遇到了一些问题，有一些是疫情造成的，还有一些是家庭的矛盾冲突引起的。孩子在这样的非正常的状态里，受到了一些心理伤害。德国有学者做过调查，从 2001 年到 2015 年的 15 年时间，针对 6—19 岁的青少年进行调查得出，在假期里，青少年的自杀率会降低 19%。而自杀率最高的时间往往是开学以后的第一天和第二天，约上升 30%。

所以在开学之后或者复学之后，马上就进行考试，是很不妥当的，会对孩子造成伤害。我们前一阵子一直都在探讨这些问题，希望有关教育管理部门，学校领导、老师，对这个数据所显现出来的一些普遍性的问题高度重视。父母也需要高度重视。在疫情封闭在家这样特殊的情形下，孩子所有的问题都是真实的问题；孩子所遇到的麻烦也是真实的麻烦。

回学校以后，如果考试考不好，孩子也是很痛苦的。父母要想办法去帮助他排解，要特别重视孩子的情绪状态、精神状况。一定要跟孩子沟通交流。父母跟孩子一起吃饭，聊天，实实在在地帮助孩子，这样孩子就一定会从精神上得到更多的抚慰。

2020 年 5 月 17 日

父母朋友圈，会不会成为孩子的"压力圈"

有一个朋友向我咨询他的孩子的问题，说孩子到了高三，压力很大，睡不着。当然，睡不着也不是到高三才有，高二的时候就出现症状了，实际上孩子的成长过程也都是磕磕绊绊的。

我听了后，觉得这个话等于没说。为什么？因为每个孩子成长都是磕磕绊绊的。不过，这个孩子有一些特殊，因为他的妈妈是教师，妈妈交往的人几乎也都是教师，也就是说，这个孩子从小是在教师圈子里长大的。同时又是一个单亲家庭，孩子一直都跟着妈妈生活。

孩子周围的人都是教师，讨论的都是教育。很多教师关心同事、朋友或者亲戚的孩子，几乎所有的教师都长着一张询问孩子学业的脸。实际上，除了询问学业之外，我们的教师家长可能都不知道跟孩子聊什么，或者我们本身就没有别的话题可以聊。

我们在一块讨论的也都是学校里面鸡零狗碎的事情，而积极地讨论工作，讨论研究，讨论读书，这样的状况其实很少，更多的是对学校各种弊端、人际关系、生活琐事的讨论。

所以，可能很多教师没有意识到自己家庭的氛围，自己跟朋友、同事之间的交往状态，会对孩子产生什么样的影响。我先不说很多教师的孩子不愿意子承父业，子承母业，因为在这样的氛围里，他可以切身感受到这个职业是一点都不美好的。在职业倾向方面对孩子产生不利影响，这是很不好的。在琐碎和负面情绪的氛围里，孩子的精神力量，生命里那种沛然之气是很难培育起来的，更不要说大的格局了。

一个人在蔽遮、压抑，甚至恶俗的气氛中长大，是会有精神状态的麻烦的。如果学业状态不好，妈妈又长了一张训导的脸，而这张脸总是盯着你的成长，那是多大的压力！即使妈妈不说重话。

当然，我也很难想象教师对自己的子女不说重话。教师对自己的子女普遍是够狠的，这是常态。所以你说孩子身上没有来自教师父母的压力吗？几乎很难，因为在这样的环境里，即使父母不言语，父母的存在本身就是威严所在，是教育压力的存在，"教训"的真实的面孔就在他的生活之中。

作为教师的子女，不力争上游他很难生存，力争上游而不得他也很苦，他心里总有一种自己要对得起父母职业荣誉，对得起应有的地位等等这方面的考量，所以教师子女特别不容易。

所以今天的话题就是说父母从事什么样的职业，家庭有什么样的文化氛围，父母日常思考的是什么样的问题，包括父母的朋友圈，实际上这些都会对孩子的成长产生非常大的影响。父母千万不要把自己的朋友圈变成孩子的文化的高压圈。

有一些父母有文化自觉，会意识到这些，坦荡大气，积极主动地去推动孩子认识更多的同龄朋友，让孩子去开放自己的朋友圈，鼓励孩子去开阔眼界，这样就可以形成一种丰富的、流动的、生机勃勃的，对孩子生命产生积极影响的力量。

2022 年 10 月 30 日

不要把儿童的特点当作缺点

爱迪生有一句非常有名的格言，我相信早已写在了国内很多的教室里，那就是"成功是 99% 的汗水，加上 1% 的灵感"。从这句格言里你就可以看到，汗水是多么重要，它占了 99%。这就是天道酬勤。一个人不努力，几乎就可以说你绝无成功的可能。在我们所看到的这句格言里，"灵感"似乎就变得不重要了，它只占 1%，几乎可以忽略不计。

后来，我看到了爱迪生的这句"原话"，其实它还有另外的一半——"但是这 1% 的灵感最为重要"。实际上，爱迪生另一方面是讲一个人的灵感，这对生命的发展而言真是太重要了。并不是每个人都时时有这份灵感，或者说每一个人的灵感所在的区域和时间点是不同的，所以在抓住灵感或者灵气、天分这个基础上，你需要再付出 99% 的汗水，才能获得最后的成功。

我在我的书里，在我的讲座中，总会对它加以引用，也做了很多分析，后来看到很多人都在谈论这个话题。但我今天对这个观点又有一种新的理解，其实，我们教育领域中的很多格言都值得反思。比如说像有些格言它不完整，你能够看到的就只有一半，因此你就不知道它完整的意思是什么。完整的意思或许更重要，它会一下子洞穿你那些肤浅的理解或者偏见。所以读格言要读完整，才能建立起正确的理解力，这是一方面。

另一方面，格言也会带来麻烦。这个麻烦在哪里呢？格言其实是成人世界的一些感悟、理解、见解。比如说"天道酬勤"，比如说"勤能补拙"，比如说"种瓜得瓜，种豆得豆"，比如说"一分耕耘，一分收获"等，你会发觉，首先它有农耕文化的特点，就是只要有付出，它就有产出；你付出越多，产出就越多。但是仔细去想一想，有时候也不完全是这样，你的付出跟产出之间，还有一些规律性的东西。

我今天重点谈的不是这个，而是成人世界的逻辑跟儿童世界的逻辑不是完全一致的。比如说儿童，很多父母会跟我说："我的孩子就是太磨蹭了，做什么事都很慢。""我的孩子就是太不专注了，很容易分心。""我的孩子就是特别没有耐心，一件事情经常没办法坚持着做下来。"

我们把这些都看成是儿童的缺点，但是我们很少想到，这恰恰是儿童的特点，儿童本来就是这个样子的。你最重要的不是指责他这个样子，而是要接纳他的这个样子，要理解他的这个样子。我强调这个样子就是孩子的天性，除了理解和接纳，你还要小心地呵护他，你要积极地帮助他。当然，你还要有耐心地等待他。

其实，孩子的成长是很慢的，在这个缓慢的过程中，他有自我的建构能力，他是从"慢、不专注、兴趣很容易转移、怕吃苦"等特点里慢慢地往前进步的，他不断地去建构自己，这是自我建构的一个过程。但是如果你不断地打击他、否定他，他就很容易陷入烦躁、不安与自责之中，就会对父母产生敌意、愤怒，有时候他就会强化自己这些所谓的特点。这些特点强化了之后，真的就变成缺点了，就变成一种顽固的、内化的特点，这真的就是成长中的麻烦了。

很多父母不明白，人都是这么过来的，为什么有的人没有这些缺点，有的人最后有这些严重的缺点。其实，父母没有看到问题的本质，这很可能是教育出错了，因为孩子在变化中、成长中的这些特点被固化成了某些缺点，而这恰恰是"错误的教育"所导致的一个严重后果。

一些父母没有去帮助孩子，没有有计划地一点一滴地去影响他。其实，在你的积极帮助影响之下，孩子会慢慢地发展出自己的能力来，这是教育的一个非常重要的功劳。但是如果你没做到积极地引领，反而特别严厉，总是指责，或者漫不经心，总是对孩子放任自流，这样孩子很可能就有他成长的麻烦了。

年轻的父母很少这样去思考，他们很少思考儿童世界跟成人世界之间总有一些内在性的区别，他们不是用一种对待儿童的方式去对待孩子，于是这个孩子的成长就会特别不顺利。我们今天作为父母，需要不断地学习，这样你才能走进孩子的内心，从而把家庭教育做得合格一些。

2020 年 7 月 16 日

当孩子没有长成你期待的样子

我们平时说父母要接纳孩子，这个道理说起来非常容易，做起来真的是非常困难的。因为孩子的状况各不相同，有的孩子可能天生就特别懂事乖巧，成长得也特别顺利，父母会觉得孩子没有什么问题。所以，我跟一些父母交流的时候，遇到基本上没有什么问题的孩子，我会跟这些朋友说，这真的是一件非常幸福的事。当然也会遇到很棘手的问题，有一些父母因为孩子，自己的人生都彻底改变了，甚至弄得非常悲摧。

有这样一种情况，好像父母根本就没做错什么，但是他们的孩子真的不像父母那样，也不像父母教育的那样。一棵善的树不一定会结出善果来，这也可以说是人性的复杂性，有时候你就会有一种很深的命运感，反复思考"我前辈子做错了什么，让我来遭这个罪！"

我在 10 年前我的一本书《父母改变 孩子改变》里就说："生下一个孩子就生下一生的责任。"当你还原到具体现实的时候，我相信大部分父母都会有这样的感慨。包括刚才说到的，在外人看来，好像成长得很顺的孩子，父母应该能够放松一些。其实精神上是不可能放松的，因为在成长的每一个时间点，父母都会有很多忧虑。这个忧虑是孩子成长过程中你自己就会有的，甚至你就是还没有生孩子，你也会生活在忧虑之中。等到你有了孩子以后，你会以孩子的成长、孩子的问题作为自己忧虑的中心。

有时候，当你碰到可能是你完全意想不到的孩子的问题时，你确实会束手无策。比如我有一个朋友，他自己是一个特别聪明的人，但是他孩子的心思完全不在学业上。从三年级开始，这个孩子在学业方面就是最困难的。现在读到初中，他就跟我说，这个孩子上普通高中，甚至上职业高中都很困难。对此，他就不知道该怎么办了。

我是他的朋友，我也号称是家庭教育专家，这个时候我只能跟他说，这就是一种命运的考验。你要接纳他的全部，包括他学业上的问题，这些在你看来都是巨大的挑战。也许孩子的未来不是走学业这条路，但是他的优势在哪里呢？你怎么知道他有什么优势？你可以相信他有优势，但是你现在完全看不出端倪。所以你现在就需要有很强的心灵力量去承受所有的痛苦，同时作为父母还不能把这样的痛苦、焦虑转移到家庭生活中，包括把情绪宣泄到孩子身上。

不然的话，可能不仅是学业上的失败，还有可能是孩子精神上也会有很大的问题。我的朋友也跟我感慨说，他大体上还是能做得到的，但是孩子的妈妈现在情况就特别不好，不是以泪洗面，就是每天满脸愁容，看不到希望所在。

我说我们需要有另外的一种力量帮助我们，也就是要接纳孩子在学业上天生的、复杂的困难。甚至这种困难几乎是没有哪一个，哪怕再高明的老师能帮得了他的。你得接受他在学业上这么吃力，这么艰辛，甚至非常失败的状况。

对父母而言，你现在更需要的是要改善孩子的身体，改善孩子的精神状况，包括改善孩子跟别人相处的方式。

其实学业这么困难的孩子，在班级里，在跟伙伴的交往中都很困难。他很容易被边缘化，甚至被歧视。包括有时候可能连老师都不太待见他，所以在这个时候父母就需要挺身而出。

父母要担负起父母最核心的责任，就是保障孩子的生命安全，保障孩子的精神健康，帮助孩子建立起更良善一些的与人交往的能力。当然，还有一点更为重要，就是你还是要努力去发展孩子的优势，包括在心理上要去调整他。

说实在的，孩子总会有一扇窗口为他打开的，需要相信这一点。同时更为重要的就是，可能这个孩子的成长会用更长的时间，需要来自父母精神的，包括物质的，对他强有力的支持。也就是说有一些失败，它是可以通过别的道路的开拓来有所改善的。

这个话题说起来还是有些理想化，比如说孩子学业很差，但父母很有钱，这样的父母是能够帮助到孩子的。可有时候，父母恰好没什么钱，那该怎么办呢？所以，我特别强调强身健体是很重要的。强身健体，自食其力，有一技之长，把这个一技之长变成他的优势，变成他的谋生之道，这对孩子精神状况的改善和健康成长都是极其有益的。他可以成为一个快乐的建筑工人吧，他可以成为一个勤劳善良的快递小哥吧，他可以种瓜种豆、修桥补路吧，爱他，接纳他，他会有无限可能。

作为父母，当我们真的感到束手无策的时候，不要以为我们就被打败了。换一种思维方式和生活态度，会发现风景不一样，孩子也不一样了。要相信，我们总是有力量的。生命本身自有它的价值，生命总是能够找到它的出路的。在我们帮助孩子的过程中，父母要像个父母，父母要成为更坚强的人，要成为更乐观的、更有办法去推动孩子成长的人。

2020 年 3 月 25 日

一个人的成长需要多维思考

在研究一个人成长的话题时，原生家庭这个概念已经被广泛使用。原生家庭的核心在于父母这一方。当然，谈到原生家庭，其实它既有先天的影响，包括智力、性格倾向、家族情绪状况、健康状况，也就是父母对孩子产生的"生来如此"的这种影响力，也是从父母那里继承来的对人一生构成影响的基因。讨论这个话题的确是需要更为谨慎一些，可能也会有更大的争议空间。

也有后天的影响，就是父母早期与孩子的关系模式。现在，越来越多的人看到了家庭对一个人的意义，从这个角度来看，其实这个意义是生命的一种本能的需求。我常常也会谈到这个话题，生命里绕不过的一切都是生命最为本质的需要。所有的匮乏，都会给人造成重大的负面影响。

如果对一个人的精神进行溯源的话，往往会找到童年成长的基础。也就是说，人类精神的病根更多地源于童年没有得到充分的爱、关切、陪伴。另外，在后天的成长过程中，一个人的行为、习惯（生活习惯、学习习惯）往往也源自父母细致、耐心的手把手的教诲与亲身示范。我们简单地说，原生家庭这个话题从大众立场而言，它被关注是有积极意义的。

我今天想讲的这个话题也有争议的空间，就是一个人的生命还得多维地去思考，他长成这个样子、长成这个人所受到的更多影响。其实我们确实可以做进一步划分。除原生家庭影响外，其实还有一个人生命原初的精力，它同样对人的一生有重要的意义。原初精力，尤其在生命的"黑暗时期"（也是生命比较混沌的时期，生命本身既不能倾诉，又让人难以判断的时期）会被遮蔽，会被忽视，会被慢待。

人之成为一个真正意义上的人，是有一种生存智慧在里面的，是人类发展延续的依据所在。所谓的"生命黑暗期"，其实是生命最为活跃、最为敏感的时期，它有另外一套感知与表达的系统，很多父母忽视了它。这种忽视，也是文化的一部分，就是对儿童作为生命本身的认知。从社会层面而言，总是会比较匮乏。另外，这种认知又不属于某个专业领域，它就是用人类代代相传的、最基本的呵护，帮助儿童得以更好成长的经典方式。这种经典方式包含着：跟儿童生活在一起，用儿童与生俱来喜欢的方式与之相处，也包括对他的教诲。

我经常想到孩子学习语言，我提出：用妈妈式的方法教孩子学母语。所谓的妈妈式的方法就是，妈妈从来不认为跟孩子说的任何一句话没有意义，妈妈关心的并不是孩子听懂了没有，她关心的也不是孩子能不能与之互动，而是孩子就是妈妈倾诉的对象，同时孩子是一个很神奇的、巨大的接纳对象，妈妈通过充满爱意的喃喃自语，甚至有点婆婆妈妈的方式不断向孩子发出信息。

最后，当孩子做出回应的时候，妈妈以无比耐心的方式教孩子说"爸爸""妈妈"，以及一些包含动作的词。它是一种无目的性又合目的性的学习方式，最后你甚至不能说是妈妈教会了孩子说母语，而是妈妈帮助孩子学会了妈妈所带来的母语。

其实，这里蕴含着启迪，不仅是学语言的启迪，也是孩子生命原初经验的一种启迪。孩子就是要和妈妈生活在一起，要得到呵护、关爱，身心舒适要得到充分的保障。妈妈要尽最大的努力避免与孩子分离，避免在孩子"神秘的黑暗期"，在孩子无知无觉、完全不能表达出自己知觉时的分离。在孩子能用整个生命来感知知觉状态时，他就会按人类所遵循的最普遍的一种方式，健康地、自然地、幸福地成长。

当然，人的成长除前面两种状况影响外，成长中的一些重大事件同样给人的一生刻下深刻的烙印。说到重大事件，这里更多强调的是负面的、不利的，使孩子受到伤害的事件。它有时会完全扭曲了人正常的、理所当然的向远处、向前方、向上、向好的一种成长途径。在很多成长有问题的人身上，你都可以看到这种重大事件所留下的恐怖阴影。

实际上，从简单的意义上去探寻一个人生命的秘密，做一些必要的还原，或者不断地自我觉察与自我转化，都能够带来疗愈与抚慰，这也是对生命进行一种梳理，以形成帮助自己更好成长的一种理解力。

2018 年 6 月 16 日

开放的社会，孩子最需要具备的能力是哪些

最近，谈了"二等生"这个话题。当然，"二等生"这个词并不是一个非常科学严谨的界定，而我要重点强调的是一个普通的孩子，

在学业方面，如果你一定要用一个比喻的说法，就是高考大概接近于原来的 211，在 211 跟普通的大学之间，当然没有达到 985，985 更难一些。我这么一说，你会觉得自己的孩子最好就去考 985，其实你要仔细分析一下——这是有点困难的。

有一次，我在安徽讲课，有一个高中老师说到他对自己的孩子很焦虑，我问他焦虑什么，他说虽然孩子的学业都挺好，但是他希望孩子考得更好一点。我说考更好是考什么呢？他就说考 985，我说你这是一个非常良好的愿望，但我先问你一下，你们夫妇两个人是不是 985 出来的？他说都是一般的大学出来的。我的意思当然不是说父母都不是 985，孩子就考不了 985，我是强调要考一个特别好的大学，真的是挺难的。因为这既有天生的要素，又有后天各种条件的因缘际会。

现在大家都很信赖某些补课机构——助学的、培优的，但是你仔细去了解一下，就知道那很费钱，需要很多的钱。我跟这位老师说，你是一个普通老师，说实在的，如果你的孩子要到很精尖的机构补课，一节课要花上几百甚至上千元，这真是不容易拿出来的，是吧？

我说，那你就不要拿这个钱去给孩子补课，更重要的是要培养孩子强健的身体，他很可能上不了 985，甚至连上 211 都有困难，但是他身体特别强健，一个人一生少生病都可以省好多钱，少生病可以多做很多工作，少生病的人快乐体验会不会更多一些呢？少生病的人对人生遇到的各种困难，会不会更有信心呢？他的抗挫能力会不会更强呢？

最近，传统武术是一个热点话题，我那天看了一个大师跟一个业余搏击手对打的视频。还没开打，我就知道所谓的大师可能是一个大忽悠，因为看他那样子哪里都不像是一个习武的人。我所说的核心问题当然不是说让你的孩子跟人打架，而是说他的身体如果特别强健的话，他对自己的生命状态就会更有信心。

我以前谈到过，我说一个人活得久，活得健康，活得特别开心，这才是真正的王道。只有能够自助的人才能助人，是吧？身体强健的人看见人家有需要帮助，说真的，他在助人时就能扛得住。

我昨天从公园回来的时候，看到我们小区里一位女士推着一个推车，到台阶的时候，推车很重，可能抬不上去。我当时很想助她一臂之力，但是我突然意识到这几天好像颈椎不是很好，我就忍住了，这时就觉得有点羞愧。本来我应该有点绅士精神，帮帮这位女士，但是我发现自己没这能力，我就不能逞强，是吧？好，羞愧就羞愧吧，算了，总是会有人帮助她的，等着那个能帮助她的人到来吧。

我以前强调，我们的教育里运动缺失，孩子锻炼得太少了，我们的孩子看上去身材怎么样呢？当然中学生还看不出，等他二十几岁了，你就能很明显地看出来，他到底是运动型的，还是从不运动的。很年轻的时候，小肚子就挺着，手无缚鸡之力，脸色苍白，背微微驼着，又架着一副厚厚的近视眼镜，这个形象可真不好。我们很多父母对孩子的这种形象不太在意，他们更在意的是他在班上考试成绩的排名，而不是体育的排名，身体能力的排名。所以这一点是要特别注意的。你要跟孩子一起动起来，你要在这方面给孩子做一个示范。

昨天我女儿在微信里面提醒：爸爸要注意，一定要坚持运动。其实我还是在运动的，虽然每天在"文质说"里唠唠叨叨，但是每天也都在坚持做一些运动。今天这个社会是一个开放的社会，也是人际互动的密切度与复杂性前所未有的一个社会。当我们说到对孩子的培养时，当然包括孩子的交际能力，这个交际能力在我们的教育词汇里经常是一个贬义词，比如说这个人太善于交际了——交际花。其实，我们应该正面来肯定一下这个词的重要性。

一个孩子喜欢跟人交往，善于跟人交往；一个人很有魅力，表达得体，让人喜欢，这是多么重要的素养啊！你不跟孩子说话，你不为孩子做示范，孩子小的时候你不耐心跟他交流，没有耐心听他说话，或者孩子说完话以后，你没有及时地、热情地给他鼓励，于是，他的语言能力的发展可能就会受到局限。

有时候还得想一想，所谓的成功人士，其实很多都是特别有表现力的人——引人注目，受人欢迎。就像我以前说的，一个人开拓能力很强，很会创新；非常善于跟别人合作；同时个性鲜明，你想想看，这样的孩子不管他上什么学校，我们总是会对他的未来有更大的期待。

2020 年 5 月 29 日

不要让孩子走入黑暗巷道

这些天经常谈到深圳和厦门，当然不是谈这些城市，只因这两个城市在这段时间里，发生了多起青少年寻短见的事件。

我在想像这样的城市一般存在着哪些孩子成长的问题。父母对孩子早期的情感、身体的关注所投入的时间与精力不够，对孩子成长过程中需要的帮助，包括父母的支持，都存在着理解上的不到位。孩子的叛逆期、青春期，从小学四、五年级到初、高中这个阶段，其成长所存在的风险总是被父母低估了。对孩子已经出现了某种对生命的漠视、对生命自身所感到的意义感的缺失等问题，父母可能都缺少细致的关注。

还有一个就是潜在的文化原因比较少有人谈及。一些沿海城市——当然厦门和深圳都算比较典型，大家一般都会认为，从城市发展、城市建设而言，包括办学条件、办学水平，这在全国都是属于先进的区域。但是先进的区域为什么应试教育往往更为激烈，竞争也更为激烈？这是大家经常感到迷惑的地方。按理在经济发达地区，父母的视野往往会更为宽广，对孩子出路的选择也会更为多样，但是为什么应试教育反而搞得更为轰轰烈烈？这本身是个特别矛盾的问题。

我经常在深圳讲课，跟深圳的校长、老师、家长都有极为广泛的接触，我想到了另外一个问题，这个问题不知是不是原因之一，我不妨在这里跟大家分享一下，如果说得不妥当，欢迎大家反驳，或者给我提出更具体的、更妥当的解释。

以深圳为例，其实我们需要去思考深圳的文化底色。今天的深圳是现代化城市，它是以海洋文化为主色调的文明。但作为深圳的"深一代"，就是今天深圳的大部分居民，他们大多数来自内陆地区，比如湖南、湖北、四川、江西等，还有华北、东北这些地区。实际上，深圳的"深一代"来自真正沿海地区的人反而是相当少的。

内陆文化的主体是一种农耕文化，农耕文化确实更信奉"一分耕耘，一分收获""勤能补拙""学海无涯苦作舟"，人们大都相信这些逻辑。这些逻辑并不是有多大的问题，但它只是通往罗马的一条路，而并非全部。

在此背景下，人们会更相信成功学，更相信成功是累积的结果，也就是不断地胜出才能赢得最后的成功。这是人们普遍的一种心理。所以当孩子出现一些学业、情感、人生观与价值观的困惑迷茫，甚至困顿的时候，父母缺乏理解，更缺乏开导和引领，他们只是要求孩子"更努力""更优秀"，从而让孩子的心灵越来越沉重，最终走入黑暗巷道。

我们的家长忽略了一个很朴素的道理，我们经常说"不要在一棵树上吊死"。在我看来，这棵"树"就是应试教育。在孩子遇到困难的时候，你是否给他力量？当你与孩子有更多选择的时候，你选择了什么？你就不能试图在原来的问题、原来的思维定式中解决他的困难。需要换一种思维方式，改变一下观念，选择另外一条道路，才能真正让孩子获得解脱、解放。

　　当然，应试教育一定有利于很多孩子的拼搏和竞争，但应试教育也可能对多数孩子造成身心伤害。对所有孩子而言，真的是极其艰难的一条路。有时候，父母需要更多地在情感上对孩子进行补偿、安慰、鼓舞。这种鼓舞会让孩子从父母身上，从家庭生活和娱乐休闲中获得一种释放，获得一种宽慰，这对他增强对生命的热爱是极为重要的。

　　作为父母，我们必须理解孩子在学习生涯中所遇到的挑战和压力，多思考怎么帮助孩子。我们能不能引导孩子去寻找更适合他发展的道路？我跟父母们反复强调，一定要坚定地站在孩子身后，站在孩子身后就是站在他生命的身后。生命是最为可贵的，活着才有意义，才有价值。活着同时也意味着我们可以不断地选择。人生并不是在高中就结束的，考上所谓的好大学也不意味着就获得了成功，反之，如果没有考上，并不意味着人生的失败，这种错误的成功学观念是必须改变的。

　　作为父母，当孩子遇到人生的重大问题的时候，我们需要思考，我们到底该用什么样的心态去看待孩子，影响孩子，帮助孩子。文化意识的差异，很可能会影响到孩子生命的安全，家长要警醒。

2020 年 4 月 6 日

中考不理想，怎样选择可能更好一些

　　最近，各地中考成绩都放榜了，放榜之后总是几家欢乐几家愁，而每年要上演的悲喜剧都是在这个月份发生的。

　　我的一个好朋友，山东的王春兰老师特地给我发微信，说最近中考放榜以后，很多家长特别焦虑，让我谈一谈这个问题：一个孩子成绩考不好，要不要到补习学校去，或者要不要上职高。说实在的，这个问题不是我能谈清楚的，每年都有一些人问我：你怎么看这个事？

我记得在去年的"文质说"里我也谈到过，不过，去年的问题今年仍然有谈论它的必要。我一个很好的朋友，他的孩子初中成绩一直都是很不好，前一阵子他告诉我，孩子除英语成绩不错外，其他各科的成绩都不是很好，如何处置？

这真是太难了。因为他孩子上初中之后，他就知道孩子要考普通高中是非常困难的，所以就跟孩子商量好了，家里也讨论过这件事，于是确定下来：他的孩子今后可能是读职专，而幼教专业是最好的，也就是说孩子以后去幼儿园做老师。前几天他还跟我说，什么时候能跟我见个面聊一聊这个话题。我对他孩子的情况是比较了解的，他作出的选择跟我们多次讨论以及我的建议也是有关系的。

到了初中，不少孩子学业上的能力多多少少能够看得出来，特别是起点较低，考试能力特别差的孩子，你说应该去补习、复读吗？花一年时间补习，在学校再读一年书，争取上普通高中，我觉得这可能不是一个很好的选择。因为补习一年他真的很痛苦，接着读普通高中，如果能考得上的话，他也是很痛苦的。父母希望他上大学这个愿望是非常可以理解的，但是孩子如果学业上真的是很困难的话，他这个上大学的经历就太痛苦了。

当然，我们说大学愿景很美好——大学总是有它好的地方，但是不惜一年、再加上高中三年的生活，可能真的会把孩子折腾得够呛，所以这样的话题我经常觉得很纠结。为什么？因为我会更多地替孩子着想，比如说他真的不想补习，他真的不想上普高，如果只是因为父母特别强调上普高的价值，以后上大学的价值，那孩子确实会特别痛苦，而且这个学习也是很吃力的，更重要的就是学了以后往何处去，这令人感到很茫然。

昨天我下楼的时候还碰到一个邻居，好几年没见他的孩子，现在在大学读音乐专业。他的孩子读初中、高中时都特别痛苦，当时高中没有考上，大学第一年也没考上，后来又补习了两年。他跟我特别感慨地说，真不知道当时是怎么过来的，还好现在孩子上了大学以后状况还不错。

像我朋友这种情况，他孩子很难上一所不错的高中，如果是一类高中里靠后的高中，还好一点，如果连高中都上不了，说明学业成绩是比较有问题的。这一方面的问题，我首先不会把它看成是孩子的智力问题。因为智力这个问题不好说，我会看什么问题呢？还是看成家庭的问题，包括孩子从小的生活习惯，孩子学习过程中父母的关注度，父母对她的支持、帮助，特别是在她学习遇到各种困难的时候，想尽办法支持她，帮助她，这方面父母肯定是做得不够的。

另外，要达到基本的学业状况，最重要的还是要解决学业习惯的问题，这个问题家庭起着比较大的作用。其实，我朋友作为父母是很关注孩子的，但是这孩子比较奇怪，特别不会考试，学习特别吃力，所以他们慢慢地就在孩子上初中以后规划好了，让她往职专这方面走。孩子在初中这三年，虽然学业上经常很吃力，考试考得很狼狈，但是精神上的状态还算好。我不知道有一些孩子如果精神状况很糟糕，你再让他补习三年该怎么办。就是说，上补习学校后再读三年高中，他最终能往哪里走。

还有一些父母会这么看，比如说职专，一方面，当地的职业技术教育水平不是很高，不是让人特别信赖；另一方面，我觉得职业教育本身对办学的宣传不够，很多父母不太了解，总觉得读这个职业学校就是实在没有出路了，读了等于白读，读了也没有什么效果，持这种观点的人还是比较多的。

所以我经常会建议一些父母，孩子要上什么大学，孩子要上什么高中，孩子要上什么职业技术学校，这可是比你买房子什么的要重要得多，你为什么不能花一点时间多做一些咨询，向当地比较了解的朋友，特别是一些老师做深入的咨询呢？或者到学校实地去看一看，到学校跟老师好好聊一聊，了解一下这所学校毕业生的状况。

我们经常把时间花在无聊的事情上，或者说把时间花在不是那么重要的事情上，其实最重要的时间要花在孩子的学业跟未来的成长上。作为一个家庭来说，要做什么样的决定，首先要跟孩子聊天，跟孩子商量，最好要有一些数据，要有一些比较专业的意见作为讨论的依据。其次就是要跟孩子一起，比如说你决定读五年职专，就要到学校去看一看，去深入地了解一下，这个是大有好处的。就算是上补习学校再补习一年，然后上普高，也需要对这所学校有一些更深入的了解，取得家庭的共识，做出孩子能够接受的方案，最后再做出决定，这样是比较好的。

2021 年 7 月 5 日

"培优"难，"补短"更是难上加难

我有位朋友，这两年受了他朋友的邀请到培训机构里帮忙，但这个培训机构是在三线城市里，面对的主要是小学和初中的学生。在培训机构里，他觉得实在待不下去了，今年寒假结束就准备回到自己原来生活的城市。

我就很好奇地问他，为什么没办法待下去？他说了几个原因：

其一，就是所有的父母送孩子来这里补习，对于提升孩子的学习成绩要求都非常明确，都是希望孩子能够迅速地提高考试成绩。但他知道这实际上是任何一个培训机构都不大可能做得到的，即使它承诺能做得到，但从人成长的规律而言，教育真的是慢的艺术。我这个朋友在这样的培训机构里，面对这些学生，感受到父母们的急功近利是很强烈的。

其二，在给孩子补习的过程中，他发现实际上孩子的麻烦首先在于原来的课堂学习质量非常差，原来的老师有一些课堂教学基本不通，有的教的根本就是错误的。要想孩子考出更好的成绩，要想孩子学业上有一个正常的发展，对于培训机构来说，这是非常困难的。

由此他有一个感触，目前不仅是中小学教师非常缺乏，更为重要的是能正常教学的教师更为缺乏，包括情感的正常、对职业基本态度的正常等。所以很多孩子补课真的是要从头补起，也就是说原来的课堂教学有的是不但没有成效，还教错了，你还得先进行纠错，再从头补起，这样一来培训任务就非常艰巨。

其三，很多父母对补习机构老师的要求非常高，他觉得我交钱了，你就要补出成绩来。所以家长就会特别在意，比如说老师要经常拍拍孩子在课堂上学习的照片，发到群里，父母很在意老师发的这种照片，很在意从这些照片里看出老师的上课状态。

我的朋友认为除有特殊的要求外，他是不会在课堂上用手机的，即使要用手机都要先征求孩子的意见，因为他认为教师在课堂上用手机拍照，在课堂上过多地采用一些非教育的手段，对孩子会有潜移默化的不良影响。实际上，这对孩子今后的成长是不利的。

没想到，他遵循这样的教育原则，反而让很多家长认为他教学不够认真，这样就会有一些投诉。所以，他觉得他需要脱离这个机构。

我们姑且认为这个机构的状况，或者说在这个地方的状况比较特殊，但这也反映出几个教育的问题。

一方面是很多父母对孩子的学业期望值很高，但是父母在孩子成长的过程中，在时间投入、精力投入等方面却是严重不足的。所以当孩子学业上遇到困难的时候，只会简单地想到通过补习去改善孩子的状况。其实，孩子的某些能力你要培优相对来说是容易的，就是说找到特别厉害的老师培优是有可能的，但是补短却是困难的。孩子有一些学业方面的缺漏，你等于要给他再一次上这样的课，这可能吗？

另一方面，孩子有一些学习上养成的不良习惯，你要改变它，也是非常困难的。还有一点，父母的文化程度比较低，从遗传的角度来说，孩子的起点也不高，你在这个基础上要改善它，真的很困难。所以不管补习机构打着什么样的旗号，实际上教育仍然是一件非常艰难、曲折而又漫长的事情。在这里，我只是从一个机构看其问题所折射出来的教育的一个状态。

从教育的整体发展来说，我曾经说过，"我们不要简单地说教育有希望还是没希望"，实质上，今天的教育状态就是社会发展的一个状态，如果不能改变社会发展的状态，要改变教育的状态，这是不可能的。

而教育的状态又是家庭的状态，比如说孩子学习的态度、学习的习惯，包括学习的形象，这些都是家庭文化的一种体现。如果孩子的学业各方面出现了困难，你就要先反思一下家庭生活是不是出了问题。如果是家庭生活出了问题，孩子早期的习惯养成出了问题，那么光靠一个补习机构能够改变你孩子的学业状态，这几乎就是痴人说梦。

2021 年 1 月 14 日

补课怎么补才对头？这是个问题

有一个朋友向我咨询他的孩子能不能请人辅导，现在不能说补课，只能说请人辅导，请朋友辅导。但是请朋友辅导之后效果不是很好，学习成绩非但没提高，反而还比原来更差了一点。

他感到很困惑，就问我这是什么原因。说实在的，孩子请人辅导或者补课之后成绩下降了，成绩更差了，学习更没信心了，这种情况是并不少见，还占了很大一部分的比例。

我们首先会想到的可能是孩子不认同补课，不喜欢补课，怕吃苦，没有进取心，没有认真地按老师的要求去做等，就是先从孩子的情感、态度、价值观方面找原因，如果仅仅从这些方面去思考，其实跟孩子也不太好讨论。你看孩子去补课了，他花时间了，他也很辛苦，最后成绩不好，而你单纯从态度、责任心去归因了，真的是没有办法交谈的。

我们首先要思考的是，孩子是否需要补课，是否需要请人辅导。这里面有两个要素，一个要素就是从学业困难的角度来说，孩子是不是需要请人辅导，需要请人扶持，需要请人进行具体的帮助，这里要有一个评估；但光有评估还不够，还要有另一种考虑，就是孩子认同不认同要有人辅导、要增加这种课业负担，孩子是否觉得有必要或者愿意付出更多。比如说有一些孩子真的是很需要辅导，但是他很不愿意，那么效果也达不到，这是一种情况；如果他很需要，也很愿意，这又是另一种情况。

我们说到辅导的时候，更多地会说到补差距补短板、培优的那一块，这些我们就暂且不谈，我们先把"需求与认同"这个问题给讨论清楚，这有助于我们来理解孩子的具体处境。这是我们在家庭里遇到的具体困难，就是补着课孩子更差了，补着课孩子更没有学习热情了，补着课亲子关系更加糟糕了。

对这个问题，我想延伸出去谈我的观点。我的一个朋友，有一年校长让他负责教初三，学校要把初三学业相对比较困难的学生都集中在一个班，请他来当班主任，校长的意思就是你能够取得好的成绩是最好的，实在取不到好的成绩也就算了，并没有给你提出更多的指标与要求。

我这个朋友特别有责任心，他觉得孩子在初中阶段，真的应该想办法帮一帮他们。于是，他做了两件工作：一件工作就是让学生对他有认同感，他不断地为学生打气，这一方面我就不说了；他自己是教数学的，如果需要给孩子补课，就在班上补课，补孩子的短板，他做了一件比较有意思也很重要的工作，他说，你们真的是初三水平吗？我要对你们进行一个测试。他就出了各种不同的试卷来进行测试，测试完了以后，他发现这个班没有一个孩子达到初三的水平，就连最好的也才达到初一水平。面对这种情况，要给孩子补这个功课，就要从初一开始补起，初一初二初三连着补，这是最好的。他告诉我这个班的数学最差的孩子是小学三年级水平，他认为要给三年级的孩子补课，最多只能补到小学毕业。

这一年时间里，他根据孩子真实的水平帮他们进行具体的辅导。他对这个班孩子的学习目标进行了分门别类，就是根据孩子的实际发展水平，专门的术语叫最近发展区，根据他们的最近发展区分别进行不同的数学辅导，他的目标就要让孩子能够拿到保底的分数。

实际上，他这样的一种思路，当然不仅是他的数学学科这样做，其他学科也按照这样的思路来做。最后这一年，孩子们各学科的成绩还是取得了非常惊人的突破，但我更看重的不单是最后的结果，是他这样一种思路可能是正确的，也就是说你首先要知道孩子真实的发展水平，这是有效教学最重要的一个原则。你知道他真实的水平，在真实水平的基础上去帮助他。比如说要辅导他，并不是重复着课堂上的这些知识点，做更多的练习，提更高更严格的要求，这样帮助孩子，你可能要达到更高的目标就很困难。

因此，对孩子进行学业水平的检测，根据检测结果，才能更有效地找到合适的老师来帮助。从补短的角度来说，这样孩子才能拥有真实的生长空间。他去参加具体的辅导时，就会有一个方向，就会有成就感，就会有一种更强大的信心，也许效果就好多了。

2022 年 6 月 16 日

与教育有关的思索

从农耕文化视角下的教育观说起

我想说说我的一个感悟，就是我们在教育孩子的时候，自然而然地都会特别强调，一分付出就会有一分收获，勤能补拙，勤奋出真知，下一分的力，出一分的工，就一定有一分的收获。

这是一个常识，在生活中确实是可以看得到的，我把这样的理解看成是农耕文化。农耕文化基本上都有这个特点——所有的付出在自然环境里面，基本上都能得到回报。除非今年有天灾，或者是有意外情况发生，要不然正常的付出肯定是能够得到回报的。

苏联有一位著名的心理学家叫维果茨基，他有一个很形象的说法，说人的发展，跳一跳就能摘到果子。也就是说，在原有的基础上付出更多的努力，付出更多的思考，跳出原来的局限，就可以获得更大的发展空间。

在学生的课堂学习中，老师特别注重启发孩子跳一跳就能摘到果子，就是跳出自己的最近发展区，跳出原有的思维框架和能力框架，去探索未知。这既是一种学习的方法，又是一种人生的信念。也就是说，人总是可以发展自己，发展自己本身就是一种内在性的力量。人皆如此，只要努力，只要付出就都能得到发展。

不过，问题恰恰也就来了。孩子的成绩不好，他的某些能力跟同学比，跟其他人比，显得特别低下，这个时候我们对他的评价可能就会有些问题。比如说我们可能会觉得他付出得不够，用心不到位，或者是你明明知道自己的孩子比较笨——人家出一分力，自己的孩子就需要出两分，却仍用同一个标准去衡量和评价。

自己的孩子可能已经很努力了，甚至他已经比别人更用功了，但总是得不到更好的回报，这时候我们该怎么办呢？

我记得我的孩子读初中的时候曾经这么感慨过。她跟她妈妈说："我这么努力为什么总是考不好呢？"说完之后，她很委屈，也很惶恐。事实就是这样，她跟其他人出的力是一样的，为什么她某些学科就考不好呢？这个考不好其实也是她的一个特点，这个特点里可能有些是智力方面的问题。当然，可以说得更具体一点，比如说她的数学能力会比较差一些，化学也学得差一些，她有某些学科上的局限。虽然她在写作上有优势，但是她的短板也很明显，这个短板，有时候是终其一生的，夸张一点说，这些短板是很难改变的。

在孩子小的时候，你可能还看不到这些问题难以改善，但是随着他学业的增长，随着他生命的成长，你就会发现，人的短板就成了他的特点。当然这个短板本来就不见得是一个缺点，短板有时候也会成为他的优势所在。为什么这么说？这就像爱因斯坦所说的，关键要看我们把它放在什么地方，放在某个恰恰最需要它的领域，它就成了优势所在。比如说，有些孩子的思维广阔度、活跃度不高，但是他思维的专注性、稳定性特别强，这时就有特别适合他从事的职业。

说到职业，说到人生的发展、人生的很多愿景，我有一点体会，就是人在什么样的状态里，从事什么工作最能够得心应手，最能够有成功感，最能够有快乐的体验——往往就是在他能力的范围内。也就是说，不是在于他要跳一跳才能摘到果子，而是他只要一伸手就能摘到果子。

这里有一个内在的问题，在我们期许孩子的时候，有时候我们的鼓励，既是正面的，也可能是有点盲目的——你的鼓励，是不是能促进他的发展，是不是他有这样的潜力，对此，我们也很难说得清楚。父母有时候就会想，算了算了，还是顺其自然吧，孩子该成为谁就成为谁吧。有些父母，自然而然地就会有这种倦怠，这是可以理解的。

对一个家庭来说，传统很重要，因为传统有时候就是从来都如此，我们家族就是有这个文化，我们家族就是有更高的奋斗目标，我们家族就是要超越很多人。这种内在力量的激发显得很自然，不需要有太多的教育。孩子的父母，或家族中的其他长辈，这本身就是一种正面影响力。这种自然而然的，在日常生活中，在家庭生活中，在家族氛围里面生发出来的力量，看上去不是那么强大，实质上它却是特别有影响力的。

2020 年 4 月 16 日

教育的根本宗旨就是培植对生命的敏感

前几天，贵州安顺的公交汽车坠江事件终于有了一个调查的结果，这个坠江事件是跟公交车司机有关系的，而且有直接的关系。这个司机因为不满拆迁过程中他所认为的种种的不公，在绝望之下他就把车直接开到江里去了，这导致了包括司机在内的 21 个人死亡这样的悲剧事件。

这个事件震惊了全国。这样的事件已经发生过多次了，所以就有一些学生的父母问我这个问题，说怎样才能防范生活中一些意想不到的悲剧事件？说实在的，我真的没办法回答这样的问题。比如说你坐公交车，你怎么可能想象得到一个司机因为心怀不满，要把车开到江里去，让全车的人同归于尽呢？你坐一趟公交车，怎么可能想象得到车上有人带着爆炸物品，要导致数十个人的死亡呢？所以有时候你只能说这真的是偶然事件，是命运的一种安排，有时候防不胜防，这当然是一件很无可奈何的事情。

有时候，种种的社会原因会导致所谓的弱者一下子就变成了一个恶人，就会造成巨大的杀伤力，这个杀伤力会伤及无辜，毫无关联的人会因此丢了性命。一方面我们感到很悲痛，另一方面对社会种种的问题，我们也觉得一个健全的社会保障机构是能够防范、阻止更多的恶性事件发生的。

在很多国家都有类似的情形，很多父母提出了同样的问题，就是在教育孩子防范悲剧的时候，我们应该怎么做。我的印象里有一件记忆非常深的事情，是我还在上小学三、四年级时，跟我妈妈家的很多亲戚从外婆家的一个渡口渡过闽江到县城去。

那天的轮船特别拥挤，我就跟我妈妈说，你不要到里面去，不要到船舱里面去，你要坐在船头。我妈妈很会心，她也没说什么，我们坐在轮渡的前面。那天还好，水很平静，当我看到那个轮渡吃水的状况时，真的感到很紧张，它给人的感觉就是水好像马上就要淹过这个轮船了。到了对岸以后，我真是觉得受到了很大的惊吓，后来还时不时地提起这件事。

我就跟我妈妈说，以后看到这种情形，我们千万不要坐这个轮渡，实在没办法也不要到船舱里去，坐在外面的危险系数多多少少会降低一些。但更大的危险就是你明明知道这个轮船非常危险，你为什么还要登上去呢？这是我小时候给妈妈最重要的一个提醒。

曾经看到一个洪灾的报道，有一个家被冲垮的中年人说，他本来是要冲进房间里的，房间里有向别人借来的 5 万元现金，结果被他 9 岁的孩子给抱住了。孩子就跟他说："爸爸，生命要紧，钱不要紧，你不要离开我。"这孩子把爸爸给救了，因为几秒钟后那个房子就被洪水给冲垮了。

你看，实际上孩子有时候是知道危险的。正确的生命教育，就是要使人有更多的警觉，有时候一些状况我们没法判断，但有时候我们是有判断力的。有判断力的时候我们要相信自己的判断，就是生命总比其他一切都更为重要，比时间重要，比金钱重要，比面子重要，比所有的财物都重要，比所有的荣誉都重要。

这不是简单地说"保命第一"，而是生命意识给你带来的是最为重要的东西。所以一方面我们的教育——学校教育与家庭教育，需要不断地给孩子进行生命教育，提高其生命的警觉，提高其生命的自我保护能力，另一方面，就像这次公交车坠江事件里，也有人逃出来了，逃出来的人往往就是他有更强的生命意识，也有更强的生存能力，比如说游泳能力、逃生能力，这些能力在关键时刻就显得太重要了。

所以身强力壮、反应灵敏迅速，同时又有很好的自我求生的本领，从教育来说，这都是我们要培养的，这既是培养孩子的目标，又是我们自己要提高的一种素养。

2020 年 7 月 15 日

我所理解的"开学第一课"

又到 9 月了，9 月就意味着中小学包括一些大学要开学了。9 月是开学季，9 月是上学的日子。

现在开学有一个新的仪式，就是《开学第一课》，已经有好几年了，每年都有。"开学第一课"的内容也变得越来越广泛了，变成了一个教学任务，有政治意义的教学任务。

当然，每年学校都会请一些明星级的人物来讲这个课。明星级人物根据每年的主题而相应不同。而每年的主题不同，大多是由形势需求不同所引起的，今年请来的就是疫情医疗方面的专家。其实我每年也都会想，要是开学第一课由我来讲的话，我会讲什么呢？

我十几天前已经讲到过一个话题，开学前后是风险很大的一个时间点，实际上有很多学生会出现严重的开学焦虑，所以开学前后往往是学生出现生命危机的一个重要的时间点。所以，作为父母需要警醒，对孩子的情绪状态、生活状况，包括他跟什么样的人交往，你需要有警觉，了解孩子真实的生命状况。

当然，你要了解孩子真实的生命状况，是需要跟孩子交谈的，需要跟孩子有更多的亲密交流、促膝谈心，跟孩子生活在一起，跟孩子聊聊天，跟孩子一起出去吃吃饭、看看电影、散散步，或者一起去参加一些运动。不管孩子的生命状况如何，这个其实都是叫日常的体操，可以叫"体操式的生命交流"。做父母最为首要的工作，就是要保障促进和改善孩子的生命安全，这才应是开学第一课最为核心的内容。

今年的情况真的是有巨大的变化，这个变化，令敏感的人忧心忡忡，令迟钝的人大感不解，但所有的人都感受到了生命所受的威胁，生活所产生的变化。不要低估了这些变化对青少年的影响，对一些我们看不到感受不到或者了解不深入的变化，青少年可能是更敏感的。

青少年在这个年龄可以称为情绪脑，大脑很容易受情绪的控制，而情绪的平衡能力或者说他多元的接收能力其实都很差，他可能只接收到某一类的信息，但这一类信息会不会对他有更大的影响甚至伤害呢？所以这有可能就构成了对某些人的更为深重的威胁。

开学前后为什么学生容易产生焦虑，跟他的学业状况，有时候是完成作业的状况，包括他人际关系的状况，包括他跟老师关系的状况有关。如果某些方面有严重的短板，他就可能会产生对学校的焦虑，对回到学校感到严重不安。这种不安可以说是精神性的，有时候精神性的也会变成一种生理性的，一想起来就会头痛，一想起来就生病了，一想起来就烦躁，一想起来就浑身不对劲儿。

这个时候有些父母即使看到了，也不能正确对待，总觉得孩子很过分，总是找借口，总是逃避退缩，总是很消极：为什么上学这件事情你都做了这么多年了，还搞成这个样子？有些父母就会特别生气，他们不能理解，或者说他们不太愿意去理解。

其实，人所面对的困难是很复杂多样的，有时候是很难自己去克服、战胜的，或者叫情不自禁，或者叫油然而生，也可以说是到了这个时间点，他就变成这个样子。

还有，你希望他自强不息，这多难，能自强的人自强，不能自强的人就自强不了，你怎么办呢？你怎么跟他友善地相处，细心地照料，能够帮他把他的问题做一个更好的疏理呢？这对父母其实是一种考验。因为你如果不能理解生命的复杂性和脆弱性，你看到这样的孩子有时候就会很讨厌他，会很生气，于是有些麻烦就出现了。

其实，我们还要进一步讨论这个问题，我们要意识到人的生命是最为重要的，有时候生命处在困顿里，你要帮助他；或者生命处在某种特别无望的状态，你还要保护他。因为生命本身就是一个目的，他有时候达不到更高的目标，或者不能活出你所期待的样子。有什么办法呢？这就是真实的他自己，他是你的孩子，你要好好帮助他；他是你的学生，你要想尽办法指导他、开导他。

生命来到世界上挺不容易的，要善待自己，要多运动，要重视去调整改善自己的心态，要注重友善地对待他人、理解他人。这是我们所有人的功课。

2020 年 9 月 1 日

教育之中最值得思考的就是"习惯"

我一个熟悉的朋友，江苏新化实验小学的徐晓兰老师去世了，真的让人很不舍。徐老师才 40 来岁，真是英年早逝。

我在"文质说"及其他讲座里，经常会提到健康问题。一方面我认为个人要做好定期体检、专项体检，还要注意休息、休整，不能过劳，避免过劳成疾，辛劳本身对身体是有很大损伤的。

另一方面，假如你发现身体有哪些不舒服或者疼痛，一定要及时就医问诊。如果真有什么问题早发现早治疗，也就没有那么危险了。这也是一种常识。

我们从小就没有形成一些比较好的习惯，比如就医的习惯，或者是定期到医院进行体检诊断的习惯，有时候确实会因为忙或其他原因而耽误病情。如果有一些小问题，可能你拖着拖着就成大病了。教师这个职业日复一日，年复一年，身心俱疲，延误治疗对健康的损害更大。

这些年我认识的教师在健康方面出问题的还真是挺多的。教师与孩子们在一起，本来应该更健康，身体应该更好，但这个职业也有职业病，如果我们自己不够重视的话，就会有麻烦。

从教育的角度来说，我认为要重视好习惯的养成。好的健康卫生习惯很重要。我前不久去补牙，牙医就跟我说，其实我们用牙的很多习惯都不好。他讲到西方人对牙齿健康很重视，小孩子在牙一长出来就开始刷牙，定期看牙医。他们了解牙齿的很多资料和常识，所以很多硬的东西都不吃，牙齿磨损就不像我们这么厉害。

我们小时候父母都让我们啃一点硬的东西，要啃骨头，这样牙齿才会结实。我们的认知可能是这样，所以我也有这种不良的习惯，从小就喜欢啃骨头。牙齿裂了，牙齿磨损了，其实就跟这种生活习惯有关系。

我们也到过国外，你到商店里买肉，真的是不带骨头的，你没有啃骨头的机会。其实很多事情都会有连带影响的，你喜欢啃骨头，你的牙齿就很容易磨损，也容易裂，也可能会磕坏，等到你牙齿磕坏了，你要去补牙修牙不仅非常麻烦，还会有一系列连带的损害出现。

所以我现在确实觉得，一些习惯的养成真的是一门课程，是作为父母的一门课程。父母能够在自己身上有所警觉，或者说能够有所改善，然后在孩子成长过程中手把手地教，方方面面都要重视，方方面面都要教，方方面面都要做到位。这对孩子的成长很重要，而你的好习惯也会成为你一生的财富。如果这些习惯没有养成的话，你有可能一辈子都在犯错，一辈子都会有各种各样的危险。

作为父母，你可能会想到自己就没有得到过好的教育，要认识到孩子教育的重要性很难。所以我提出"父母改变，孩子才能改变"。其实就是父母需要这样一种自觉，从生活的各个方面细致地去思考我们的日常，我们的思维，我们与人的交往。我们去理解很多事物，很多事物需要重新理解，重新学习，重新实践。下一些这样的功夫，对孩子来说，对下一代而言，都是一件很重要的事情。

我们很多的坏习惯在家族里会延续，甚至会成为家族文化。所以如果没有这样的一种反思，改善就很难。坏的习惯毫不费力就代代相传，好的习惯你没费功夫，可能一代都传不了，这就是文化的奥妙。

文化不完全通过本能的方式习得，而是要用手把手教的方式传承。你没有耐心，你不在孩子身边，你不随机地指点，他向谁学习呢？他只会向他所遇到的人学习，或者跟着本能走，让某种习惯成自然，最后导致认知错误。到了最后阶段你就难以改变了。所以说到教育，真的要从细节去讲，从微小之处去讲，还要能够从小抓起。

2022 年 6 月 9 日

与教育有关的思索

不时会有人就很具体的教育问题向我询问，我仔细想一想，这些问题不是我能回答的，我只好一同来思考这些问题。

我每日所思索的一切都跟教育有关，或者都会联系到教育，承接上教育，或者会把教育放置其中。比如最近有人问"你怎么看减负这个问题"，开学前后各地又在重提"减负"，包括学生入学时间、作业量，每天的睡眠、学习长度等，都有一些变革。这首先是一种政策导向，同时还有对各类补习学校的限制，包括严格管束，以及对违规的具体处置等规定。

把两者放在一起看，有的人可能会看到，通过取缔补习学校，也能够达到为学生减负的目的，这是一种乐观的联想。实际上补课热潮越来越兴旺，几乎到了不可遏制的地步，有时会感受到，今天几乎没有一个家庭的孩子不在补课的行列里，不在培训班里，不在各种各样的竞技加强班里。几乎没有人可以幸免。所以我对今天的孩子，会有一种由衷的同情与怜悯。这样说可能也不对，但儿童的这种生存状况是令人忧虑的。

当然，这一切基本是发生在一些大的城镇，跟乡村大体无涉。也就是说，这样的一种加班加点，不断挤压儿童的自主娱乐、自我学习空间，如虐人般的游戏，是属于中产阶层家庭的。

　　你自然会想到，这些家庭几乎是没有能力来应对来自社会的各种威胁、利诱、误导的，他们只有一个目的，就是让孩子跃层，"不能输在起跑线"。他们可能也会觉得孩子过得很苦，但转念又觉得所有的孩子都这样，那还能怎么办呢？别人都在上补习，自己的孩子怎么敢不上？

　　就像某些国家对汽车超速罚款一样，罚最前面与最后面的那两辆车，跟在中间的是不会受罚的，大家都觉得自己是跟在中间的人，是无辜的，随大流嘛。其实在随大流背后，是一种责任与勇气的让渡。这种让渡，本身也是在加重社会的危机，前面的文章也谈到应试教育有很多功能，可它也会造成全民焦虑，造就一批失去童真童趣，限制想象力、创造力和生命多样性的人，他们焦虑、脆弱、世俗、功利，这也是它的客观结果的一部分。

　　当然，我在这里想说的是，是否我们仍然有可能建立一个自己的防御系统，有自己的判断和决断呢？我们能不能不随大流？我们一边痛恨补习班培训班，一边又投入大量金钱和时间去补习和培训。如果说这一类的思考是很苍白的，那是因为我们思想的苍白、内心的懦弱，作为父母，我们缺乏冷峻的担当。也可以这么说，当所有人都觉得自己是无辜的受害者时，没有人是真正的受害者。因为受害者也是加害者的一部分，受害者的懦弱构成了加害者的强大。

　　也许，在这样的一种自搏里，你就能明白，你内心真实渴求的是什么。也能明白，作为这个时代共同的命运之一，我们确实非常懦弱，作为父母也是对不起孩子的。

2018 年 3 月 4 日

忆我的老师王秉先生

王秉老师是我高二的班主任兼语文老师。其实我在读高一的时候就知道王老师了，他当时带着学校唯一的一个文科班，也是当班主任同时教语文课。王老师在学校里是一个非常独特的存在，平时在校园里见到他，他都是自顾自地走着路，真的可以用上"旁若无人"这个词，他完全沉浸在自己的情绪之中，所以，学校大部分的学生对这个奇特的王老师都是一无所知的。

我们学校就在一座小山上。在山上的最高处有几间教室，教室旁边有老师的休息室，王老师的宿舍就在这里，这是一座泥瓦房。王老师在山顶上带文科班，又住在山顶上，所以，我们在校园里见到他的机会也是非常少的。

读高一的时候，我在学校的作文比赛中获得了一等奖，这对于我的个人成长来说是一个里程碑式的事件。是我的数理化学得一塌糊涂，学年成绩三门加起来还不到 60 分，所以，从某种意义上来说，我当时真的是走投无路了。作文比赛得了一等奖就像是一根救命稻草，让我在读高二的时候选择了文科班。文科班在学校里名声不是很好，因为在我之前的那届文科班，没有一个人考上大学，所以，说得难听一点，大部分人都认为文科班就是一个垃圾班，而我去了这样一个班级，心情可想而知。

我刚到这个班上的时候，王老师并不认识我，他也不会去关心高一的时候谁在学校的作文比赛中得了奖。但是我的学习成绩，特别是语文成绩在慢慢提高，还考到了班上的第二名。第一名是一个叫陈淑芳的女同学，刚分班的时候她是全班总分第一名，语文也是班上最好的，虽然我考到了第二名，但是我的分数跟她相差不是一点点的距离，她语文考八九十分的时候，我才勉强考六十多分，这个分数让我很羞愧，但是看了一下其他同学的成绩，多少增加了我的一点信心，再加上历史、地理、政治这些学科的成绩，我的总分也慢慢提高上来，逐渐地进入了班级的前三名。

这个时候王老师才开始注意到我，当然他注意的方式并不是当场表现出特别的对我的勉励，他只是会跟我聊上几句话，说一些不像勉励但现在想起来其实应该算是勉励的话。王老师并不善于鼓励与表扬学生，当然，这一点也不奇怪，那个时候的老师大部分都是这样的。

渐渐地，我的语文、政治、历史、地理成绩又进一步提高了，我成了班级的第一名。也可能从这个时候开始，从王老师的角度来说，他似乎从我身上看到了一点希望。所以，他做了几件事情，让我印象特别深刻。

第一件事情，他让我和其他两三个同学到他宿舍里参加考试，其他同学在班上考试，他也都不监考，随便你自己考。但是，他这种方式显然表明了他的态度，我们一方面感觉到了老师对我们的青眼有加；另一方面，又有点不好意思，好像老师人为地把我们跟其他同学分开了。

第二件事情，他开始了非常频繁的对我的家访。有时候是放学后，他会跟我一起去我家，有时候他是自己突然就来了。来的时候总是会跟我爸爸做一些交谈，其实他跟我父亲可以交流的也并不多。他来看看我的家庭情况，然后，总是对我父亲说"文质这个孩子是很有希望的""你们不要放弃""你们要多鼓励"，他大概每次来都是说这样的话。那时候我的家境确实非常贫寒，我妈妈有时候会留王老师吃饭，其实实在也没什么好吃的，就是煮一碗面，或者稍微比我们平时的菜煮得好一点。吃完饭，我和我爸爸就会送王老师到村口。

有一天，王老师跟我爸爸并排走的时候，我第一次发现王老师比我爸爸长得还要高一点。原来在我的心目中，我爸爸是一个很高大的人，这一次，王老师把他比下去了，这让我印象非常深。

还有一件事情给我的印象也同样很深。有一次我语文考得不好，他专门把我叫到他的房间里狠狠地批了一顿，我当时觉得非常羞愧，心想这次大概考得非常糟吧，可是，成绩出来以后发现，其实还是第二名，只是比第一名的那个陈淑芳同学差了十几分，但是，王老师认为这是不允许的，也是不能原谅的，他觉得我可以考出更好的成绩。这个时候，我就感觉到王老师在我身上是赋予了某种期许的。

王老师宿舍里藏书不多，那个时代的很多老师可能都没什么藏书吧。有一次，我在王老师的宿舍看到了《儿童文学》，我从来没有看到过这样的书。我翻了一下，觉得故事蛮吸引人的，就跟王老师说，这本书能不能借我看看。不想，被他断然拒绝。他说，这不是你看的书，你现在根本不能看这些书，你要全神贯注应对高考。我也只好断了这样的念头。

说实在的，那个时候我们的教室是非常简陋的，刚才说了是泥瓦房，地上都是黄土。很多人踩了以后就真的成了粉末一般，跳蚤特别多。我记得有一次，一个上午我从身上摸出了十几只跳蚤，身上被咬得惨不忍睹。

在班级生活里，我唯一能够记住的就是王老师还会教我们唱一些歌，印象最深的就是他教我们唱《解放区的天是明朗的天》，教唱时他投入的神情是我一直没有忘怀的。王老师也鼓励我入团，那时候我大概觉得自己连写申请书的资格都没有，也就没有写申请书，但不知道怎么就真的入团了，还当了副班长和团支部的什么委员之类的。当然，王老师并不让我们真正参与这些活动，他只是觉得这样可能对考大学会有一些用处，所以，我们平时只要好好读书好好准备考试就行了。

刚进文科班的时候，班上同学彼此也都看不上眼，说起来反正都是垃圾班的同学。后来，我算是慢慢脱颖而出了，因为遥遥领先于其他同学，所以，很多同学在说起我们班的时候会说，这个班可能都没有希望，张文质除外。当然，这既是同学们对我的鼓励，同时也让我感受到了压力，心里也颇为紧张，我觉得我要是没考上大学就对不起同学们的鼓励，也证明不了大家对这个班级的评价。

王老师跟我们熟悉之后，偶尔会提到他是北京师范大学中文系毕业的。说实在的，我们那个时候并不知道这个学校有什么厉害，但毕竟是北京的一所大学，而且王老师的书确实教得很不错，他非常专注投入，也特别有威严，所以在班上，不管你想不想读书，都没有同学敢捣乱。其实，他是把语文放到比较低的起点重新教我们，我觉得他这样的方式对我极其重要，因为我缺的就是这些最基础的知识、最基本的理解力，就需要有人手把手地加以细致地引导。

当然，不仅王老师是这样，其他学科的教师都是如此。因为我们的基础实在太差了，我们真的像一张白纸，或者说像白纸还不恰当，可能更像涂了乱七八糟色彩的一张纸。所以，这些老师不得不放低了起点，然后不断地进行测试，用测试的方式来纠正、引导我们向前走。在这样的一种引导下，我的优势逐渐发挥了出来。

现在回想起来，我觉得自己当时的记忆力确实特别好，家里也没什么书，向邻居的哥哥借了一些书读，也算是受了一些熏陶。我印象比较深的是班上一位同学，他读书做了厚厚的一本摘抄，答应借给我看一下，他说只能看一个中午，我就看了一个中午。我自己感觉好像看一个中午就把那些美妙的句子都给记下来背下来了。所以，在后来的写作上我就能够有所运用，这让我那位同学感到非常惊奇。

大家说过目不忘，其实还应该有过耳不忘。我确实是全神贯注地把自己放到了那种学习状态之中，所以，成绩的提高也非常明显。王老师还是时不时会去我家，每次到我家还是要跟我父亲说"不要放弃""要多鼓励""文质这孩子是很有希望的"这些话。我跟王老师说我数学完全不会，我不想学数学了，他也同意了，他觉得与其把时间花在数学上又考不出成绩，还不如努力把其他学科学得更好一点，这也算是一种战略性的选择吧。

王老师有一个儿子叫王兴，一直跟着王老师在那边的小学读书，这是我们能看到的王老师家庭生活的一种常态。作为一个十五六岁的小孩，我们完全想象不到王老师有一个完整的家庭，所以，有一天，当他太太带着两个女儿来看望他的时候，我们真是大吃一惊。我们非常惊讶，原来王老师不仅有个儿子，还有两个女儿，有一个完整的家庭。我们的师母也是一个小学老师，她在福州任教。王老师的家是在福州离我们学校挺远的一个叫城门的郊区，王老师大学毕业之后本来是要到闽侯专区一个管辖很多个县的教研机构（后来叫进修学校）去做教研员的，但是，他觉得做教育研究一定要深入基层，所以，就到了我们家乡的这所中学——上街中学。王老师生命中最精彩的部分就在这里度过了。

刚才我也说到，在我之前没有一个同学考上大学，这是指的文科班。我们这个乡村学校的高中部成立得比较晚，我上一届的同学里又没有一个考上大学的，到了我这一届，王老师在我身上看到了希望。所以，高考一考完，他就专门叫我去到学校，拿着试卷一题一题跟我做分析，结果分析完后王老师非常失望，他发现我可能会考得非常糟糕，因为我很多题目都理解错了。

怎么说呢，因为在我参加高考之前的 77 级、78 级是全省命题，从 79 级开始是全国命题，所以，很多题型我根本没有见过。那个时候的乡村学校资源非常匮乏，根本就没见过这种题型，所以也看不明白那些题目。

王老师的失望之情溢于言表。好在历史、地理、政治老师没跟我分析试题，不然，他们分析完后也会很失望的，因为这几科的题目我也有很多看错的地方，尤其是数学考得一塌糊涂，当然，数学我原本就放弃了，这是必然的结果。但没有想到的是，高考成绩出来了，我居然上了重点大学的分数线，我也成了这所学校第一批应届考上大学的文科生（跟我同时考上的还有两个人，他们是上一届的复读生），这一下子引起了学校极大的轰动，王老师更是喜出望外。

我被比北师大名气上稍微弱一点的华东师大录取了，上了大学之后，我跟王老师还保持着比较密切的往来，其中一个很重要的原因是，他一直在订阅上海的《语文学习》，那个时候在福建还订不到，所以他要我帮他订，然后再帮他寄回去，所以几乎每个月我都会给王老师写信。大概过了两年吧，福州也可以订《语文学习》了，我就没给王老师订这个杂志了，渐渐地跟他的书信往来也就少了一些。

到了80年代，学校开始兴起了分类，分重点中学和一般中学，我们上街中学大部分老师都调到重点中学闽侯一中去了，王老师也调去了，再后来上街中学的高中部也被撤销了。我不知道这个上街中学前前后后有多少同学是在王老师这个文科班上考上大学的。

其实作为一个学生，我那个时候年纪也小，对老师的了解确实是非常少的。后来我看到王老师写的一篇文章，介绍了他做福州方言方面的研究，才知道他一直对方言有极高的热情，对福州方言非常珍惜，这种珍惜的程度超出了我的想象。他是参与了《福州方言词典》的编写工作的，只是他一直没跟我们说起过这件事情。记得他退休之后，我跟几个同学一起去看望他，他说了一句话，他说我们可以一起来做些研究了。可惜，我对方言所知甚少，只是这些年才渐渐地对方言产生了一些兴趣，也实在粗浅得很。

我最后一次见到王老师是在高中毕业30周年的活动中，同学们都把我称为王老师的得意门生，当然，王老师对我后来做的教育研究也感到很欣慰，他确是我生命中第一个最为"重要的他人"，是他帮助我改写了人生之路。他乐而忘忧、直扑教育的精神一直很让我感动。

然而，很遗憾的是，虽然我心中也常念想着他，但我这些年跟他确实交流不多，来往也很少。9月1日那一天，我去深圳，我同学陈淑芳一大早就给我打电话，当时我心里就有种异样的感觉，因为我们好几年没有通过电话了。果不其然，她告诉我的确实是一个很不幸的消息，她说前一天中午王老师走了。他吃完饭感觉到心脏有点不舒服，就给为他看过病的医生打电话，一边打电话一边就走了。听到这个消息，我心里真是很难过。

2018 年 9 月 15 日

思考教育，需立足生命

　　几乎谁都可以为教育开出一些药方来，这是很正常的事。教育本身是一个公共事业，也是所有人都会关联其中的一个命业。当然，各种见解总是会有极大的差异，有的是基于个人的经验，有的是基于教育的某种专业立场，还有些是基于各种政策，进行经济、社会、政治等各方面的考量。也许，教育是跟社会各方面、各人群关联度最高的领域。

　　当然，有时我们也可以把教育还原到一个最基本的理解力上来。比如，哪怕你是比较消极地去理解教育的形态，你也自然地会想到，有的教育方式可怕在让人丧失生命的活力。应该说，生命的活力是与生俱来的一种能量的施展与释放的方式，但从学校而言，它有足够的力量让一个人不许动、不许说、不许想、不许与别人不同，久而久之，这个人就真的丧失了一种与别人不同的可能性，生命彻底地被整肃合一。

　　这也是我们所看到的，在一个强大的逻辑系统下，教育有时能够轻而易举地就实现反教育的目的。我们从学校的形态来说，它当然不会有这么明晰的一种呈现出来的景象，但在人的内心里，在各种条文背后，在各种训诫之中，以及我们经常要问的那个核心问题"我们到底要成就什么样的人呢"等诸多的问题背后，也许最让人惊悚的就是"不许不同"这一条了。

世间自然万物，所有的有一定理性的人都能够获得最粗浅的认识：参差多态是最美好的一种状况。从中我们自然也可以领悟，当我们去看学校，我们去观察，我们从很多的现象里获得认知，总会有一条以常识作为基础的标准：这里的人奔跑得更为活跃，交流得更为自由，要寻找的见识更为多元，每一个人都能更多地表达出自己的声音，每一个人在这样的空间里都能遇见自己，有某种言之不尽，同时又锲而不舍的属于个人的、趣味盎然的神秘通道。能不能有这样一种惊喜的发现呢？

另一方面，所谓个人的空间，它就意味着我与你不同，我可能阅读的方式与你不一样，你是一目三行、一目十行，我真的是逐字逐句地阅读，在我这里优势不是速度而是耐心，但我依然有速度感带来的快慰。也就是在内心之中，有没有一种帮助人获得自明的自由？

教育要做还原的话，就要还原到常识。如果常识说不通，你是很难用所谓的"更为高远的目标，更为宽阔的未来，更为灿烂的明天"，那个"1 加 1 一定等于 2"的逻辑来说服我的。我经常会想到：我们在学校，在教育工作中，在课堂里，我们从一个老师那里，从一项活动中，获得自信心和成就感的人总是很少，不少人感到紧张、有压力，感到恐惧、屈辱，感到自卑、无助，感到很难获得真切的援助与宽慰。

回到事物的常识，回到常情、常理、常态这些地方，它总是更能够直截了当、自然而然地验证什么是更好的教育，或者说更人性的教育。就像有人说，其实一个再小的孩子，他都会认出谁是好老师的。（这道理很有意思。）即使是一个孩子，他看到身边好几个陌生人，他也会有一种直觉，从眼神、表情以及身体语言里，慢慢地把那些对他特别有善意的人辨认出来。

所以，当我去思考教育的时候，总是不断地从源头出发，这也是遵循人本主义，尊重生命，它有一种慈悲、诚恳，有一种对世界的敬畏贯穿其中。

2018 年 3 月 25 日

一个人的童年是如何影响一生的

从人的成长来说，有两个方面的发展很重要：一个是习惯的养成，另外一个就是人的社会化发展。从社会化发展来说，你会发现有一些人的社会化程度总会有一些短板。你会觉得很奇怪，是不是他受的教育有问题？是不是他的个人觉悟不高？是不是他一直没有意识到，人需要进一步发展自己的社会化这种能力？

有时候，我们会把人的发展分成两个阶段：一个是童年阶段，一个是成年人阶段。到了成年人阶段，人的很多能力应该自然而然地得到顺利的发展，人应该有这样的自觉，努力地去促进自己的发展，但在现实中没有这么简单。比如说一个人在童年时，父母管教得特别严，父母特别挑剔，经常批评，限制得非常厉害，也就是说这个人所做的任何事，他都会以父母的标准为标准，而且还经常受到父母的批评，这样孩子的整个身心根本没有充分展开。这样的人就没有安全感，没有舒适感，没有感受到做自己的这种舒畅感，这对他今后的社会化发展是有很大的限制的。

也就是说，他在成长的过程中，无论进入什么样的学校，无论在什么样的环境中，别人的社会化发展程度可能都会远高于他。你就会发现有时候社会教育或者学校教育，好像并不是那么有效。其实是否有效，你真的还要看他童年成长的轨迹是否顺畅，也就是说如果童年过得特别纠结、特别不舒展，这种不舒展的状态，就会成为他生命的特质，再要改变他，真的是非常困难的事。

我经常说这就成了一种生命性的东西。所谓生命性的东西，就是那些本质的有深远影响力的存在，比如说他一到某种情境里，就自然而然地变成这个样子了。比如说他跟别人发生冲突，稍微有一些不愉快就会变成很大的冲突，或者说对别人的言语、表情、态度会特别敏感。当他觉得受到对方的侵犯时，他不能跟对方展开很理性的、很理智的对话，有时候会很容易动怒，有时候又会变得很怯懦。

总而言之，他就是没有发展出一种更好的、更平衡的理性能力。所以他对自己的很多事情总会处理得非常不好，有时候会表现得特别自私、过度敏感，表现为人际关系普遍紧张，对于这样的人，我们往往会从道德角度去审视他，甚至鄙视他、讨厌他，并且不愿意跟他做朋友。

当然，把他看作一个一般朋友，或者一般同事，或者一般的其他社会关系，是没有太大的问题的。另外，你如果了解了他的身世，了解了他成长的经历，你就会发现树上结出来的果实，跟生命成长的早期土壤里撒下的这些肥料，以及其所经历的种种，有着直接的关系。我经常会说到一个道理，就是人的成长是很艰难的，当其长成一种样子之后，想要再改变他，就更加艰难了。

有时候你就会自然而然地有一种同情心，你会有一种共情，你理解他的难堪，理解他的难处。虽然有时候也会很讨厌他，但是你对他的不可改变，甚至他自己也没意识到这样的一种生命状态，还是会有一种同情的。有时候，包括我自己受到他人的伤害，不是说好像我怯懦，或者我特别隐忍，而是我更多地会去想某些人变成那个样子，他是有理由的。从这个角度来看，你就会有一些慈悲心。当你去思考教育问题，当你去思考亲子关系问题的时候，你就会特别提示父母警醒。

就像我前几天说的，一个两岁多的孩子，在几个小时的旅途里被母亲打了三次，被母亲骂了二十几次，一路哭哭啼啼。这样的孩子长大以后，他在很多方面都是会有问题的，包括我刚刚谈到的社会化发展。他就会很纠结，就会发展出各种各样的病态来。

有的人对某一件事情很不满，在家里唠唠叨叨，一直气难消，或者一直表现得特别敏感，怒火中烧，但是真的要他去处理的时候，他又变得很怯懦，他又变得不像他生气时的那副样子了，你可能也会为此而生气。

但是你真的还是要去想一想他的处境。一个人成长成这个样子，一定有着他早期复杂的成长原因。所以真的就像我刚才说的，我们要用更慈悲的心去看待众生。其实，这个看待也是善待，这个善待也是对我们自己生命的一种全新的理解。

2020 年 8 月 26 日

回到正道来讨论孩子学习的内驱力

今天是"文质大课堂"家长学校年度课程第二个月的直播课日期，这个月的主题是关于孩子学习的内驱力。

到了 6 月份，有高考，有中考，有期末考，所以我们特别要谈一下孩子学习的内驱力。前几天有一个校长问我，说要提高孩子的学业成绩，要提高孩子对学业的信心，要提高孩子对学业的投入，你有什么办法？我说你就等着听我的课，但仔细想一想，这可不是一件容易的事情。

也许人们始终都在研究怎么提高一个孩子的学习能力，特别是提高他的学习成绩。尤其是今天的这种学校模式、班级模式，研究学生的学业成绩就变成一件非常重要的工作。也许所有的教师、所有的学校，包括很多的教育研究者都在做这一件事情。而且我相信这个工作是没有尽头的，这工作比所有人想象的要困难得多。那么我能够有什么样的贡献？说实在的，这个题目，我这么一想就会感到特别畏惧，这不是一个容易讨论的话题，但我肯定会以我的方式来讨论它。

我们真的不要低估了一个孩子学业的难度，有可能他学得好，他就学得好，也可能他学得不好，你也拿他没办法。但是学得好的孩子也不见得是天才，有的孩子是自然地就会学得好，有的孩子会特别容易考出好的成绩来，其实，考出好的成绩来也不等于学得好。

我的一个朋友告诉我，他从小学开始到大学，到研究生，包括博士，都特别擅长考试，这也是一种能力，而且真的是令人羡慕的能力。在我看来，像我这种很害怕考试的人，是一直比较缺乏学习内驱力的。所以我偶尔还会梦见自己又要参加考试，可见考试这件事情对我的影响有多深，你看现在我这么一把年纪了，但我的记忆不会遗忘。

所以我特别能够理解那些特别不善于考试的孩子的处境。当然，也会很羡慕那些特别会考试的孩子，他们真是天赋异禀令人羡慕，这是我们怎么羡慕都学不来的。学习的内驱力肯定是由很多要素决定的，这些要素跟习惯的养成很有关联。比如说孩子习惯很好，学习特别有计划，特别有时间感，特别有任务感，这就是学习内驱力最基本的保障体系。

比如说，有一些孩子从小就有自己的人生目标，天生如此。有的孩子是受父母早期的启迪，对自己人生有更高的向往，或者是他在小学就遇到了好老师，这个好老师照亮了他的一生，无论是哪种情况都是令人羡慕的。

我可能会更强调，首先保持一种状态很重要。我们考虑问题有时候会考虑上限，但我会更强调我们保底的工作。比如说一个孩子，你说他学习特别有动力，他对学习特别有信心，对未来有更高的期待，往往是是因为有来自家庭的温暖、父母的鼓励、父母的期待，父母对他特别的赞赏，这是普遍的正向推动。

当然，你也可能会告诉我，有一些孩子虽然受到挫折，受到羞辱，甚至这种挫折羞辱是来自家庭，来自父母，但就是学业良好，对人生有更高的追求。但大多数的孩子一定是来自良好的家庭，一定是受到父母更多的影响与推动。

我们谈教育，有些时候为了强调强大或者是为了励志，特别把某些悲惨的案例，从悲惨的逆境中崛起作为成功的案例。其实这些案例不太可靠，因为个体的各种境遇，包括个体命运的特殊性，不一定有很大的说服力。我们还是要更多去强调常识，强调人正常的成长，强调持之以恒地对一个人生命的推动，这一定是绝大多数孩子成长的必由之路。

来自正常的家庭，来自良好的家庭，来自比较富足的家庭，来自孩子精神方面有更好幸福感的这些家庭的孩子，成功的概率肯定要高一些，也会有更好的学习习惯，也会有更明确的人生目标，也会有更强的方向感。我觉得我们回到这样的常识去讨论问题，其实才是教育的正道。

2022 年 6 月 4 日

由孩子放弃生命说起

今天是 2018 年 1 月 26 日，傍晚的时候听到一个消息：今天是深圳中小学的散学日，竟然有三个孩子跳楼。听到这个消息，真的是非常震惊疼痛。这些年全国各地，不断有这类消息。当然，如果从统计数字来看，自杀率一直在攀升，自杀的年龄也在降低，各种自杀的理由五花八门。如果要问核心的原因，当然跟教育有关系，跟考试的压力有关系，跟家庭的亲子关系有关系，跟家庭的教育方式的关系就更大了。你会明白，这是现代社会的一个症候。

昨天我在微信里发了消息以后，就有朋友给我留言，说上海的秋季开学第一天也是三个学生跳下。开学前后，放假前后，还有春天，往往是孩子走极端的多发期。我稍微注意了一下，我微信圈很多朋友是深圳的中小学教师，还有一些是从事其他行业的朋友，我几乎看不到深圳的朋友发这条消息，我自然不必去深究其中的原因。但我想说的是，孩子寻短见这种令人心痛的事情，并不能给教育带来任何变革影响。

应试教育本身已经常态化了，已经固化了，已经牢不可破了。更可怕的是，现在应试教育不断从中考、高考往下推，补习机构也成为热门的行业，有时我们会觉得是社会捆绑了教育，其实我今天很清楚地看到，主导这一切的并不是所谓的社会情绪。当然，社会情绪是非常重要的一部分，但更重要的是教育制度、是利益，甚至是各种层面的需求，使得应试教育成为牢不可破、不断生长的一种力量。你会由衷地感觉到：无人能够逃脱，也无处可以逃脱。

前些天，我在浙江的一所国际双语学校讲课。这所学校的孩子今后的出路是到国外求学发展的，所以这所学校某些自身的氛围，包括学校的课程设置、培养目标，学校文化、考核机制，甚至是学校的格局、各种呼号，都有很不一样的生态。学生的父母都是当地的中产阶层，有的自身也是游学回来的创业者，他们思考的重心是有所不同的，他们思考时更关注孩子的品行、个性、交往能力等这些方面的发展。

我会自然而然地想到，有些朋友要离开体制时征求我意见，有些朋友要脱离民办学校自己做教育，有些朋友从教育行业跳出去做其他行业服务，当然有些朋友彻底地脱离了教育行业，我内心总是会特别地支持，希望他们更独立、更有担当，日常生活也更快乐，这是有幸福感的一种选择。

毫不夸张地说，有时你去细思学校教育，会感到深深的恐惧。孩子、教师、家庭，乃至整个社会被捆绑到应试教育的战车上。甚至我是这样想的，就像有人开玩笑说，中国最难变革的是足球与教育。我认为中国最难变革的是教育，其实，其他的容易变革，比如医院。我们原来的铁路系统也很可怕，现在应该承认铁路系统好多了。还有人说，我们两件事情做不好，一件是踢足球，一件是拍电影。其实拍电影真的容易多了，虽然有一些限制，但仍然有一些不错的电影会出现。电影，它还有另外一个逻辑系统，它必须市场化，所以管控部门也得有这个意识，要不然，整个行业就没法深入了。但是只有教育这个行业，是不考虑深入的，它有生源，它是国家投资，它有一整套最为完整的、最为细致的"自主"循环的体系，真是牢不可破。

当然，它经过一代又一代的人不停地围着旋转之后，也成了集体无意识。就是即使你面对着各种各样孩子走绝路的悲痛事件，你要完全摆脱，或者你在经济方面有能力摆脱，思想依旧是无法摆脱的。有些人对教育体制又恨又爱，有一些人是又恨又离不开，有些人是因为盲目的关系，还会有一些人成为赞美者。比如有些城市为教育站出来，却是权益之争。我们可以这样说，会有权益之争，但不会有观念之争，不会有观念促使更多的人发出自己的声音。

教育从生态而言，它既是百足虫，又是长生术啊。我有时会感慨说"不同的家庭可以培养不同的孩子"，这句话即使是乐观的，也意味着某种深深的担忧。

2018 年 1 月 26 日晚

"有 17% 的孩子身陷灰色情绪之中"，不可低估生命的各种危机

3 月 6 日，我为广东东莞的大朗镇及其他几个镇区学校的家长讲了"在疫情下的亲子陪伴"这样一个课程，到现在为止有 30 万左右的人上线收看，再加上因为大部分是家庭收看，所以人数是将近上百万。

这之后，我又接着为深圳南山区讲了这个主题，然后是为江苏徐州的两所学校、泉州市的四个县区、苏州的一所学校再讲这个主题。

也就是说在这一段时间里，我这个主题的讲座会在全国各地的学校，全国各地的教育局，全国各地的进修学校，或者一些教育机构、教育集团中广泛地传播。

其实不停地讲课，对我来说是一件挺辛劳的事情，但是我觉得在疫情这样的背景下，一个教育研究者、教育学者，他也应该有更强的责任感与使命感。说实在的，今天疫情给青少年所带来的危害是非常之严重的。前两天一个校长跟我说，他们省教育厅前不久开了一个内部会议，通报了青少年生命危机的一些状况。到 3 月份，今年学生寻短见的数字要比去年高了 15% 左右，这个是很惊人的。

实际上，疫情发生之后，青少年的生命危机是一个很值得重视的问题，青少年自杀率往年都有增长，今年又继续增长，这也可见生命的问题迫在眉睫。而生命危机里比较大的问题一定是出在家庭，出在亲子关系，出在夫妻关系，出在家庭各种各样的经济社会发展这方面的压力。家庭经济问题肯定是要由国家、政府、有关部门来解决的，但是改善亲子关系对一个教育学者来说真的是有责任的。

从我直播的情况来看，大家还是很认可的，比如说，3月6日在东莞那场就有将近200万人次点赞。再从大家的留言评论情况来看，也是觉得特别认同，特别有启迪，几场都是这样。所以对我来说，虽然每次讲课都有压力，每次讲课都是一种挑战，每次讲课都会让我寝食难安，但还是一转身又投入这样的工作之中。而且我们也会做一些问卷，针对当地或者具体的学校的一些具体问题进行剖析，也有现场的问题互动。

今天我国教育的问题既是社会的问题，又是家庭的问题，也是亲子关系的问题。教育的责任既在政治家、教育局长、校长这一方面，又在孩子的父母这一方面。我这个课里会特别强调父亲的价值与意义。父亲在家庭中的担当对家庭而言，对孩子成长而言，真是可以说比母亲的作用还要重要。

母亲要成为一个心平气和的母亲，需要有父亲的大力协助，需要有父亲对孩子教育的重要的担当。如果父亲缺席，人不在场或心不在场，或者遇到孩子成长的问题就退缩，母亲就会更焦虑，就会跟孩子产生更多的冲突与矛盾。

当然，父亲如果没有介入孩子的教育，他其实对孩子的成长也不能理解，免不了在教育孩子的时候简单粗暴，这样就会激化亲子矛盾。实际上，青少年的极端行为都可以说是情绪性的，也可以说一念之间悲剧就发生了，所以我们千万不要低估孩子的灰色情绪。

在我们的调查问卷里，大概有17%的孩子会出现一些灰色的精神状况，其实他们已经身处在一个危险的地带，如果家庭不重视，学校不介入，各种危机就会爆发了。什么会成为导火线？这是无法预计的，有时候一句话，甚至一个眼神、一句批评、一次测试，一次失误或者一次失败，或者家庭里一次微不足道的冲突，都可能成为导火线，也就是说在不经意之间悲剧就可能发生。

有的人会说家庭教育其实不重要，因为家庭教育的重点都是常识，但是在常识比较缺乏的社会状态里，如果父母都不去思考这些常识，不去填补这些常识的缺失，还是会造成大量的社会悲剧的。所以我很愿意不停地为大家讲课，不停地把自己的一些思考跟全国各地的家长朋友分享。

2022 年 3 月 25 日

需要打开的应试教育

对应试教育这个问题应该怎么理解，真的是涉及对当下教育最重要的一种评判。

回过头看一下，对应试教育开始有比较多反思的时候，总体上大家会认为它的核心在于观念，也就是观念性的差错，认为教育的各种弊端是教育的价值，在教育发展人的方向等这些方面出了差错，核心是观念之争。还有比较乐观的说法：当你理解了，就可以有变革；当你真正想变革了，应试教育就可以得到某种缓解与改善，甚至是彻底的解决。

但钱理群先生始终是一个对教育有清醒看法的人，他认为应试教育的核心不在于观念，而在于利益，也就是利益群体与利益阶层绑架了教育。更通俗一点讲，很多人是通过应试教育获利的，通过应试教育牟利的，通过应试教育可以寻得各种好处。应该说，钱老把对应试教育问题的思考引导到了一个更为开阔的方向上。当然，对于利益而言，有小利益，也有大利益。在具体怎么理解上，钱老没有更深更细致的讨论。其实，从根本上而言，应试教育要寻获的是大的利益。

前不久，我在长沙演讲的时候谈到应试教育其核心问题在于（特别是今天），它是维持稳定的一种手段。从大的方面来说，它跟整个GDP是有关的，它在保障房地产的价值方面起了极为重要的作用。同时，它对城镇化、撤点并校、学校分类管理等，某种程度上把学校分成了"三六九等"，都起着极为重要的作用。当然，更要紧的是，在这种分类、归口，还有各种评价背后，它对整体的经济发展起着至关重要的作用。另一方面，它涉及聚焦点和意识形态管理的问题，你既可以看到教育成为全民焦虑的焦点，但转一个方向你就会明白，既然全民都把焦虑的核心放在了教育上，那也就无暇顾及其他。也就是说，应试教育会减弱、降低，或者扭转我们对各种社会问题的思考。

当然，作为一种制度长期运行，它还会产生另外一种直接的效果。在我看来，一些违背人性、缺乏人文精神，不利于教育的行为方式，也在逐渐被更多人所理解与接受。所以有时就会有各种各样极端的事件，包括我所在的城市，前几天一个母亲因为孩子某科成绩没有达到她所预期的分数，竟然把孩子活活掐死了，这真是一个惨绝人寰的悲剧。

你也就会明白，这种暴力会内化的，就是你接纳了、理解了、认同了这种体制之后，也就丧失了另一种思考、另一种抉择，过另一种生活的勇气，也包括思考的方式。似乎所有的成功，只能在考试与胜人一筹上，在这种胜出的竞技里才能充分体现一个人的学习、生活、追求等方面的价值。一旦没有实现这一点，就陷入惊恐、绝望，轻则自残，重则结束生命。

这一类事情不断发生。但即使是"以死抗争"，其实某种程度上，它仍然不是对应试教育批判的一种最佳方式。这种绝望，当然是极为悲痛的。但另一方面，所有的行凶者，确实可以说是"暴力的内在化"，也就是全面接纳考试体制，认同这种绞肉机式的竞争暴力。这一切，都令人极为悲痛。更可悲的是，它更为常态化与普遍化了，也就是说，原来有一些"小绿洲"也在逐渐萎缩消失。

我多年前提出的"不同的家庭可以培养不同的孩子"，既可以把它看成是一种乐观的建设者的态度，也可以看成是一种勇气、抉择。但这也是悲观的，因为当教育的某种选择必须退缩到家庭，需要付出重大勇气来做决断的时候，那应该是体制问题，需要全社会的思考和改革。所以，我们对应试教育的思考也是需要打开的，要更为分明地认识到其背后主导的力量在哪里，其最核心目的是为了什么。

2018 年 1 月 29 日晚

简单剖析应试教育

我一直在持续地思考应试教育。应试教育，肯定是一个旧时代的产物。我们所说的一个旧时代，其实也已经有非常漫长的历史了。应试教育无论是一个什么样的变化形态，它总体上都是一个可控制的教育行为模式。

应试教育包含着一种对社会、对人的发展以及对人性的理解，我们姑且称之为"天真的想象"。也就是说，它本质上是以控制人的方式来达到所谓的"促进"人的发展的目的。所以，它会逐渐形成一整套可计划的、可掌控的、可实施的、可评估的、可检测的，复杂有序，同时能够不断复制推广的系统。

从根本的理解力来看，它不仅仅作为一种教育制度存在，它首先还是一种社会的控制系统。它跟各种强力、行之有效的管控制度密切关联在一起。所以它逐渐地形成了跟社会各主要利益阶层更为复杂的一种关系。这种关系下，任何试图改变它、打乱它的程序，阻止它的进程或者让它产生一种新的生长的生机与可能性，都是不可想象的。

从某种程度上讲，应试教育也会阻止我们称之为可能更"脆弱"时代的到来，但这样"脆弱化"的时代，有可能更符合人性、个体性，更符合复杂性，更符合人需求的多样性。说它"脆弱"，恰恰因为它是更为注重人的各不相同的一种发展，看上去更不像一个整体。应试教育是整体的，哪怕是从试卷的角度来说，一张试卷是可以管控天下的，但个体性的教育不是通过一张试卷的方式来鉴定人，更多的是创造丰富多样、适宜人各不相同的发展的社会生态，也可以说是学习场。个体性的教育是以这样的一种方式，让人得到更多的一种自发性的成长，又受到不同的刺激、熏陶、引导，使人在这样的场里不断去发现自己的兴趣所在、特长所在，相信自己的能力。

同时，这样的学习会更多地与生活、生命的热情，与未来能够获得安身立命的专业与精神的发展密切关联在一起。当我们说"教育即生活"之时，其实生活指的是人的一种全面的生活，也是人的一种内在性的生活。它不具他律性，不是被宰制的，不是被完全规划与规训的生命形态。

说到变革之难的时候，其实它还指应试教育已经形成了一整套细密的、管控有效的制度系统与执行机制。在之前，我甚至还谈到了它与社会维稳、生活维稳、经济维稳、精神维稳都有着极为密切的联动关系（不仅是连带关系），这种联动关系既是关联的，也是互相推动的。

我思考教育的时候，我所呼唤的这种"脆弱化"的时代，是民主的，制度又更多地符合人性，赋予人自由，使人有更多平等发展机会的社会，呼唤这样一个时代，就是呼唤某种非控制性的个体的一种发展。这种"脆弱化"的时代是你可以想象的、复杂的，以每一个生命个体互相联结的网络状，灿如繁星似的一种社会形态。实际上，它一方面是我们可以想象的，但另一方面又是不可控制的。

我是这样理解的，说它不可控制是指——你没办法预想它未来的方向，更多的技术，更多的创新，更多人的生命激情，以及所有这一切所带来的生态性的，甚至液体性的一种世界形态——它可能产生新的样式、新的图景、新的发展面貌，这也是不可限制的，几乎难以用原先的"计划性"来描述，这类词汇都会土崩瓦解。

我们生活在一个特别好玩的世界里，看到眼前多种形态的、落差极大的一个文化景象，有时免不了有看戏的心情。我们看我们的土地，我们看我们的机构，我们看我们的制度架构，我们看我们的网络视频……看到视频中的各种大人物，再去看由于某些技术变革，掌控不到的地方所产生出来的参差多态、错综复杂、不可思议的新生活，你会想，这个世界还真是奇妙呢。

2018 年 2 月 15 日中午

对幼小衔接的思考

在之前谈话里谈到了关于生活建设的话题，我仔细想一想，谈论这些话题还是有些迂腐的。迂腐就在于对象的某种不可改变性，能够改变的已经改变，不能改变的绝不可能改变。所以这一类的言论就显示出了一种迂腐，说迂腐，其实有时表示为某种精英气息，这是我早上突然意识到的。

所谓的精英气息，它真的有一点假模假式，就是有一种自我优越的东西在里面。当然，很多道理总是这样吧。苏格拉底说：未经审视的人生，是不值得过的。这是精英状态的一种极致，恰恰是生活有时就是生活。所以这一类的话题讨论多了，既无意义也无趣。虽然讨论本身有讨论的价值，那叫自得其乐、自我陶醉，我现在当然可能更多的思考是另外一个维度的用心。

上一周在厦门英才学校参加了他们幼儿园与小学一年级的幼小衔接课程研讨活动。对幼小衔接这个话题，就学校与教师而言，我们以前考虑比较多的是习惯的培养。习惯的培养，用意往往在于怎么适应小学的生活，具体来说就是各种各样的规则。其实今天大部分的小学生活都是对幼儿园的一种反动，所以有很多孩子会长时间没办法认同自己已经是一个小学生。有的孩子还会说"我要回幼儿园，我不要上一年级"，如果要把它称之为"断奶"的话，这个"断"有点武断。

其实在孩子 6 岁这个转折点上，他身上有很多自动自发的东西。这种自动自发，常常跟他肢体与大脑发育是有关的。从大脑层面上来说，孩子早期的阅读刺激会使他更多产生一种自动的思维习惯，他会更多地提出疑问"是这样的吗"，更多地把自己的想象带入，对课堂学习、对老师的问题与见解会自然而然地形成一种自我消化意识，所以在课堂上他的行为最常表现为"走神"，这样的孩子经常是老师重点关注的对象。

如果遇到特别严厉又没有理解力的教师的话，这些孩子会备受打击，会特别沮丧，因为他的聪明往往还表现在作业能力、答题能力、最后的考试成绩都不尽如人意。这一切不尽如人意的状态里，恰恰有很多很可贵的智力上的一种优势。

此外，孩子在幼儿园阶段所激发的身体的活力与身体的热情，恰恰也是很多小学入学训练里最为反对的。也就是需要孩子安静，需要守规矩，需要听话，需要坐得住，需要集中注意力，需要闭上小嘴巴……其实不仅是小学如此，这种规训在幼儿园就已经开始了。有学者说，从小学低年级的教育来看，往往是那些看上去不太聪明的孩子能够取得不错的成绩。他说的"不太聪明"主要是指那些特别会守纪律、特别听话的孩子，特别能听懂老师布置的具体任务，不易走神的孩子往往更能适应小学的生活。

说到这里，我也对美国教师罗恩·克拉克的强化训练产生某种疑虑，因为罗恩·克拉克所面对的都是底层家庭的孩子，他对孩子言行举止方面的斯巴达克斯式的训练卓有成效，但我总是会有一个疑虑：这些孩子后来都成为谁了呢？同时，我也对那些所谓教孩子写作很厉害的老师、教孩子奥数很厉害的老师有这样的疑虑，就是你所教的孩子后来都成为谁了呢？这是一个历史的评价的维度，即有些评价是需要交给时间去证明的。

当然，话说回来，如何让孩子保持他的灵性、活力，保持他生命自动自发的状态，逐渐在学校里能够应对自如，这本身是要从课程、从培养目标、从学校的班级生活等多方面重新来理解的一个范畴。

也就是说，更需要变革的是教育本身，这可以说是我建立以一年级为中心的田野研究方式的目的所在。这样的研究，既要回到儿童，又要面对他的发展。所谓的发展是基于儿童的发展，基于儿童的生命特性，基于儿童身上所蕴含的丰富的灵性，以及生命的激情与活力。而我们的引导，使孩子既保持这些，又以此为基点去发展他自身。

2018 年 4 月 6 日

从学校教育中看孩子的未来

十多年来，我致力于家庭教育的研究。有时在具体的讲课现场，总是有咨询的环节以及讲课结束之后面对面的讨论，这个时候是最挑战人的，不是挑战人的理智，也不可能仅仅是从经验层面上给出一个答案。现实问题，一定比这一切严峻很多。更为严峻的总是关乎一个具体的人在各种困境中如何找到解脱之路，如何获得一些具体的帮助。其实，道理总是容易理解的，真实地还原人成长的各种环境则是巨大的困难。

先撇开家庭中各种真实的情况，如父母的文化、情绪、情商，以及处理家庭复杂问题的能力等要素，其实要咨询的人大部分是身处社会底层，以及边缘的家庭，我如何才有可能给他们指出一条上升之路呢？在一个阶层早已固化的社会里，让孩子回到一个流动升迁液体性的形态之中？这完全是不太可能的。

比如有人很殷切地希望能给予一些具体的指导，但你知道揭示真相是多么难啊。当然，问题还不在这里，问题也不单是这些。从某种程度上讲，这些都是已经不会被社会所真切关注，并有具体的相关政策予以帮助的家庭。就是中产阶级家庭，你有多少信心认为你的孩子经过学校内的学习与生活，能够找到有助于他想象力、理解力、自信心、生活热情，以及处理各种社会复杂人际关系的能力等得以充分提升的可能性。学校原本应该帮助孩子成长，或许它成了一个通过知识学习最基本的形式，然后在这个过程中剥夺、扭曲人性的特殊训练场。

有人真切地去关心过孩子的睡眠、情绪、身体状况吗？作为一个社会形态而言，其实你很难看到——有更多的当事人（孩子与其父母、社会各种组织、研究者等）共同能够参与进来的一个大讨论，我们太难想象这样的热心还能回到具体的社会生活中来。也可能更令人心痛的是——冷漠与忍受已经成了一种常态。很多人以为可以通过更多的努力、更多的执着，更有耐心、更有坚强的意志能够逃脱这样的宰制之路。你从宰制之中如何获得挣脱，这是一个极其吊诡的命题。

今天，当我思考教育问题的时候，幻想的成分会越来越少，也会更清楚地看到社会阶层分类别的教育状态越来越固化了，包括拥有教育的各种资源、伸缩的空间等所有的一切，本身更加阶层化了。所以那些不能发出声音的阶层，教育对他们而言，很难是一个信念之所在吧。

我现在也在支持我团队里的一些朋友做一些深入的问卷与访谈的现场工作，在我们想象的世界与具体的生活世界里希望有一种印证。这种印证，不单是为了证明你的想象，更是希望有更多的数据能把具体的教育真相呈现出来。谁有信心从学校教育中看到孩子的未来？

2018 年 2 月 23 日下午

也许回到尘土，才是真正的教育

现在我正在从长沙飞往台北的飞机上，虽然噪音很大，但我还是迫不及待地做了这个录音，因为我怕忙乱之后会把这些想法给忘记了。

上一个星期，我看了一个案件的记录文字，突然有一种很深的顿悟，使得我原来所思考的问题更明晰了。我觉得在某些特殊的土地上，有些所谓的信仰是大不相同的。简单来说，你所秉持的信仰如果能够大行其道，如果能够被体制容纳，甚至还能从体制与民间得到各种利益，这样的信仰也许是很值得怀疑的。

世上真的是有一种信仰，在某些特殊的地方，信仰者要经受各种折磨，要经受各种羞辱与迫害，有时会走投无路，有时会生活在难以言说的恐惧之中，有时也会感到自己无比脆弱，甚至也会感受到自己孤立无援。但是，他仍然会选择自己的信仰，仍然可以从自己的信仰中最终获得援助，仍然可以直面恐惧，甚至直面死亡。他仍然会相信，这就是一条真正的救赎之路。

这样的信仰，既是真实的，又是平凡的。但就在这样真实与平凡中，我们可以感受到伟大的召唤，见证人因为信仰而创造的各种奇迹。像这一类的事迹，我也读过不少。但那天的阅读，我有一种突然被照亮的感觉。以这样的一种理解力去看、去辨别，你就能明白为什么有些所谓的信仰江河日下，完全丧失了它的高贵、真诚与慈悲。这一切，也许不是信仰之过，而是当你把信仰变成一种手段，一种牟利、实现各种贪欲的途径，这样的信仰其实正走在堕落的路上。

深渊在哪里呢？深渊就在你的内心。

我转念一想，今天我们所谈的教育、教师以及教育的改变，或许我们需要有更大的勇气去体认，其实真正的教育是无比困难的，真正的教育是不可能的，真正的教育其实就是要跟自己作对，要跟自己的懦弱、对安逸生活的贪求，对自己内心不断涌出的退缩、恐惧等这一切作对。因为真正的对人心的欢喜，你几乎是没办法按照它既定的逻辑行走的，在既定的逻辑背后，它只有各种规训、控制、利诱，在这样的土壤里，很难开出真正的灿烂的精神之花。

就像一位朋友所说，他们已经成功地使某些土地再也出不了一个像样的人才，其实何止出不了像样的人才，出一个正常的人都何其艰难啊。所以今天就需要有那些心怀信念的人，那些愿意以自己一己之力去做——哪怕在一个人身上燃起自由、民主、公正这些信念而去身体力行。

我常常想，任何的教育行动，如果你没有身临其境，你没有亲身体验，你没有亲自参与，你所做的一切都是非常可疑的。你在课堂上滔滔不绝，你能信赖自己所说的吗？你能决绝地把自己所谓的身份、荣誉等一切，你要倚靠它才能显得自信、从容的这些光环都抛之身外吗？这是何其艰难的一件事情。

也许，真正的教育确实是要回到尘土，回到底层，回到赤贫，回到"赤手空拳"，当然，同时这也意味着回到心灵，回到精神，回到灵魂与信仰，从那里点点滴滴地重新开始一条路，难哉！壮哉！这样的教育从另一个层面来说，它又终究是要失败的，终究是找不到出路的，终究是难以看到希望的，但在无数的终究背后，恰恰是需要人能够自己活出一格，能够自己活出一条道路，能够使自己也成为一条道路。在伟大精神的感召下，继续不懈地往前奔突。

2018 年 5 月 21 日

教师专业成长的热情该如何激发

今天一位校长向我咨询，实际上是一本杂志向他约稿，希望他写一篇关于学校管理方面的文章。他很想写校长怎么激发教师专业成长的热情，希望我能给他出出主意，最好我能给他拟一个什么题目。他说文章有了题目后就好写了。

其实，拟题目不是容易的事情，但我想的是，校长怎么激发教师专业成长的热情呢？如果教师本来就没有专业成长的热情，校长有没有可能激发呢？今天我们有哪些制度能够促进教师的自我专业成长的心愿呢？或者在教育这个职业里，那些成为老师的人是不是真的热爱这个职业，真的有发展自己职业能力的愿望呢？这样的话题说下去就变得无趣了，变得难以展开，这也是我们这个时代的特色，就是很多事情你不能深究，一深究，就会出现无话可说的一种状况。

我最后跟校长说，作为一个教师，也许尽到本分就已经非常困难了。因为尽到本分的努力也是会不断被打击，不断被扭曲，不断被干扰的。我们把本分有时看太低了，觉得"尽到本分"是最起码的要求，其实"尽到本分"就是最核心的要求。比如做一个小学老师，不打骂学生，不讥讽学生，不漠视学生，带着热情去上课，上课非常用心，下功夫去说每一句话，用力气去处理每一件事，在基本的常规方面能够做得不出差错（或者中规中矩），这都是非常困难的事情。

尽到本分也包含着能够经常跟自己身体的倦怠、情绪的低落消沉，包括职业激情的淡漠等做斗争。我经常会说，一个做教师的人要过教师的生活。教师的生活，确实会古板一些，就是以遵从职业规范的方式来约束自己身体的某些节律。尽可能让自己充分地、有规律地休息，以在工作状态里保持比较充足的精力。

实际上，跟小朋友打交道是很费神的，小朋友话很多，小朋友有各种各样新奇的想法，小朋友之间经常会发生各种冲突、闹不愉快，小朋友很容易情绪化，小朋友特别需要老师各种各样的鼓励与安慰，小朋友有很多不理解的问题，还有因为各种成长差异与家庭成长背景不同所造成的各种复杂的问题……每天都是扑面而来，周而复始，循环往复，没完没了，这就是教师的工作内容呀。加上我们现在那么细密的检查评比，那么热衷于各种竞技、排名，还有无数的政治活动，等等，说实在的，当过教师的人都知道当教师是很需要打起精神的一件事情。

于是，当校长说要激发教师专业热情的时候，首先会想到什么呢？要我想的话，就是不要说假大空的话，不要说那些不切实际、不近情理、无关痛痒、不及物的话语，这些话说了有什么意义呢？如果你仅仅是为写一篇文章，那是另外一个问题了。我昨天晚上还想到另一点，今天这个时代的文化状况，本来就比较粗鄙，教师并不可能成为一种例外，也就是教师不可能是精致的、细致的、高雅的、质朴的，充满着生命的愉悦感与美感这些文化的代言人和拥有者，所以在一所学校里，可做的事情恰恰就在这儿——能不能减少一些粗鄙，能不能减弱一些文化冲突？能不能在做每件事情的时候有对物的热情、对事的崇敬？能不能在做教育之事时，能够真实地感受"眼中有人、心中有人"？能不能在学校里尽可能地多读一些研究儿童、研究具体教育教学的这类书？

其实，说到读书真是一件更为困难的事情。前几天我到泉州，泉州的一个朋友跟我说：学校门口有一家书店，她是为数不多的经常去书店买书、看书的一个老师，有天书店老板跟她说，有时在书店门口看到走来走去的老师，很想问他们一句"你们是怎么做到坚持不读书的"？哈，其实做到坚持不读书要比坚持读书、偶尔读书、有空时读书容易多了。当你长久不读书，你就习惯成自然了，你跟书极其隔膜。如果这在学校里是普遍状况的话，我们的校长们还能谈什么激发教师的热情呢？谈什么促进教师有效的专业成长呢？

当然，今天向我咨询的这位校长是很用心做校长的，他也读了不少的书，也经常写文章，经常会琢磨教育与人生命发展的各种问题。我就想，还是回到具体的一种可能性中来。如果我们的理解不能更深刻、更开阔一些，如果我们连最基本的教学能力都无法达到的话，我们也许就只配过这种教奴般的生活吧。理解本身的意义就在于——它并不完全是以解决问题为目的，而是理解本身就充满了一种顽强的张力，使得我们看到生命的各种真实，但并不沮丧，在认同的过程中找到自己恰当的安顿方式。

2018 年 2 月 17 日

我的"三字真经"与"新三生主义"

今天一位朋友联系我,说她的工作有了变动,9 月份要去杭州新办的学校做校长,我很高兴,就夸她。她老家是驻马店的,我说驻马店的女子更善于跑啊,因为来杭州之前,她已经跑了好几个地方。后来就聊起我的"三字真经",其实这"三字真经"我从来没跟别人说过,但这是我内心比较明确的一个人生路线图。

"三字真经"的第一个字就是"逃"。"逃"即是"逃跑"的"逃",也是"奔逃"的"逃",也是"逃亡"的"逃"。我经常想,你在一个工作处境里特别艰难,时有冲突,还不受待见,你怎么办呢?有的人可能是与天斗、与地斗、与人斗,斗出一片新天地,而我更多想的是,如果一个环境或者机构处处限制你,你怎么斗都是没有出路的,与其斗,不如逃。逃,表现出一种建设性的主动性,斗则两败俱伤,身心俱疲,甚至会万念俱灰。

我经常说福建人骨子里都有一个"逃"字,因为福建人大部分都是中原移民历经千辛万苦,逃到福建,一路奔波,真是极其艰难,但就在这里逃出了一种境界。"逃"字就成了融到血液里的一种生存文化,今天仍未止息,仍在奔腾,仍是福建社会中极为重要的思维选择。其实,我们时时刻刻都是需要为自己的"逃"创造条件的,没有条件的"逃"可能是死路一条,但是创造了条件、进行了充分的准备、有充足心理预期的"逃",是一种极具生命活力的再创造。

我刚才强调的创造条件、具备良好心理素养的"逃",我把它看成是一种流动的、漂移的,也是具有更开阔生命视野的生长性文化。

"固守一隅""负隅顽抗""守株待兔""一棵树上吊死"这些都属于农业文明，农业文明固然有美好的一面，但是今天更需要的是一种面向全球的、面向全人类的、面向更美好生活的生命主动性。

第二个字是"退"。当你逃不成、无处可逃时，当你身陷困局之中时，这便用到了我讲的"退"。"退"是往后退却，"退"是退缩，"退"是退守，也就是自觉地边缘化，自觉地无名化，自觉地退出功利的晋升，跟功利隔断各种关联，跟那些道不同的人隔绝关系，退到自己的内心，退到自己的家庭，退到自己的生活，也就是退到更自在、自如、自足的日常生活——放弃一切能够放弃的，守住实在没办法放弃的那些独立与自由。

第三个字是"玩"。玩，就是需要有一种对世界、对生活、对生命更乐观的态度，边干边玩，边玩边干，边打边玩，边玩边打，用一种快意、热情，更接近儿童式的态度去面对冷酷、冷漠，以及周遭的各种难堪与不幸。并不是我们内心失去了血性，并不是我们完全缴械投降，而是我们以一种新的生活姿态先使自己的内心活跃起来，先使自己周遭的世界充满人气、充满生活的妙趣，这样生命才能持久，这样生命才能温润更多的生命、影响更多的生命。

也可能，人生真的需要在很多的没意义中找出意义来，在不可创造之处去创造出价值来，创造出新奇与不可思议来。所以我常常说，我们需要有长命规划，我们需要有第二种生活、第三种生活，我们需要有一种内在的"存在的革命"，从自己的生活开始变革。

这大体上就是我谈的"三字真经"，同时，我还谈了所谓的"新三生主义"，也是针对我这位朋友去做校长而说的。我说作为一个校长，如果你精神抑郁，就不该再做校长了。因为精神抑郁的人，会把抑郁带给更多的人，而且抑郁本身就是病，是需要治疗的。这时候更需要放弃，包括职务、工作，从原来的生活格局里退出来。作为一个校长，他需要有一种更健康的、更活跃的、更强壮的精神力量，去引领学校师生的生命成长。基于这一点，我提出"新三生主义"。

第一个是和学校师生共同创出一片生天。

这个生天，是针对当下严酷的应试教育、应查教育，各种功利、冷漠，甚至残忍地对学校的思想侵袭、经济的掠夺等。虽说不可能全然地创造一种新的境界，但需要有这样的一种觉悟，去努力地创出生天，要更多地使这样的一种生命信念在自己的身上体现出来，在自己的言行中播撒，在与每一个孩子交往过程中都投以满腔的热情，真正地成为一个激发者，成为一个推动者。

第二个是要创造生机。

所谓创造生机，我可以说得更绝对一些，更坚决一些，你所创造的生机不在应试教育的排名上，而是面向未来、面向人性、面向人道，面向学校的新文化，需要有一个更开阔的、更有历史感的教育情怀。因为你所要解决的最核心问题不是当下的问题，而是要为孩子的未来负责。所以学校文化生态的改变，其实是孩子最终命运的改变。可以说，你所面对板结成一块的土壤是很难有太大作为的，但是你不要把目光都盯在有毒的土壤上，你可以建造空中花园，你可以在想象的世界里去激发孩子更信任自己，更有勇气去创造自己新的生活，何其美哉！何其壮哉！

第三个是要乐享生活。

我们无论谈什么理想、信念以及所谓的仰望星空，其实我们就生活在当下，我们就生活在每一天之中，我们就生活在一日三餐之中，就生活在吃喝拉撒这种生命寻常状态之中。我们能够做的，就是让这些寻常状态有仪式感、有美感，让寻常状态也充满更多的诗意，真正让孩子有如家一般、如梦一般美妙的生命体验。

其实，当我们转换头脑去思考这些问题的时候，那些可创造的一切，不就会真实地展现在我们面前吗？生活在这里的人，就不会忧郁了，也不会抑郁了，更不会陷入绝望与无助之中了。你说呢？

2018 年 6 月 7 日

做家庭教育指导师，已成为教师工作的新职责

我有一个朋友在微信上发了一通感想。这个感想是三句话：第一句是到现在还有一个学生家长问我孩子毕业考的成绩；第二句话是还有半数的家长不了解，也没来询问过孩子的成绩；第三句是再过15 天，我又要上课了，这个学期千万不要再分到一个和原来一样的班级。

我就在他那里留言了，留言的内容是如果父母这么不在意，你那么在意干什么呢？这句话看上去好像有点消极，不过，既然父母不在意，你也不要在意，那就算了，随便他。

其实，这并不是消极的态度，而是我们确实需要换一种思维。有时候我们会很讨厌父母这么不在意孩子的成绩，这么不在意孩子的学业，这么不关心孩子的成长，是吧？所以会有怨言，会觉得自己很倒霉，作为一个老师比父母还着急，而且着急了还没有效果。所以接着就有第二句，不是个别家长这样，而是有一半的家长都这样。最后感慨，以后千万不要再分到这样的班级了。

我是想给这位老师这样的一种提醒，其实这个话题还可以接着思考下去。说实在的，这么不在意孩子成绩的父母，他肯定是文化程度比较低的，是生活在社会底层的，有时候是有心无力，有时候是对孩子也抱有比较小的期许，或者对孩子没有太高的要求，所以他不是很在意。其实对教师这个职业来说，能够得到父母积极的支持，父母跟

你有很好的呼应，然后共同促进孩子成长，这确实是一个很理想的状态，但实际情况并不都是如此。

当我们发现很多家庭的不足时，真的不要抱怨，说我下学期不要再碰到这样的班级。因为碰到这样的班级，其实是一个大概率事件，你所在的这个学校可能大部分家庭的背景都是如此的。对学校而言，怎么去推动家校合作、家校共育，这就是一所学校的教育工作更为重要的方面，学校应该加强这方面的工作。作为一个老师，如果你特别有心，你对孩子的成长特别焦虑、特别操心，你应该给学校提出这方面的建议。

当然，你还可以自己主动起来，积极地就孩子的情况跟家长多沟通。为什么我们要等着家长来关心呢？其实，我们也应该主动地让家长关心自己孩子的学业、品行，包括学习状态。

我们原来的教育工作，其着重点确实是在学生的学业上，我们教学的中心，教师思考的中心，当然是课堂教学、备课、考试结果，这里面还涉及学生的管理。但是从今天的教育需求来看，教师同时还应该是家庭教育的促进者与指导者。也就是说，作为教师，需要了解儿童成长的规律，需要跟家长积极地配合，包括推动家长关注孩子整个学业、整个生命的发展。

从社会发展的角度来说，家庭对孩子学业之外的身心健康、交往能力、责任感、人生信念等方面的关注还处于很低的水平，所以今天我们在强调家庭教育重要性的时候，其实教师这个职业的责任范围也在不断地拓展。也就是说，教师的责任里就包含着对家庭亲子关系的改善，以及促成父母对孩子关注力的提升。

可以这么说，一所学校如果不重视家庭教育，一个老师如果不关注家庭对孩子成长的责任，你真的能把学生教得更好吗？你就指望着说运气好一点，能分到一个好的班，这其实只是一厢情愿。作为一个教师，要不断地提升对职业的理解，更重要的是要不断提升自己对孩子、对儿童、对你的这些学生的生命成长规律的理解，这非常重要。

我觉得，我们要做一个专业的教师，要有强烈的职业认同感，要有对孩子成长深切的责任感，其实很重要的是你要读懂儿童，你要了解一个生命成长的规律，你要去唤醒孩子父母身上所蕴含着的巨大教育力量，这样的教师恰恰是今天最为需要的。

从这个话题里我们也可以引申出，人的成长确实是有规律的，有着普遍的规律。父母的意义，父母的巨大影响力，父母对孩子的推动力，是我们今天的教育文化中最需要重视的。父母跟教师的合力，或者说教师通过自己的教育行动，去推动父母重视自己孩子的成长，这是今天的学校教育、教师工作的一个新使命。

我也真的希望老师们都提高这一方面的能力，共同为孩子的发展出谋献策。

2020 年 8 月 22 日

有些老师会成为学生一生的生命范本

突然之间，我想起了我大学的一位老师，就是我特别敬重的高建中先生。他是我们实习的带队指导老师，他带队可真是非常细心的，不是说挂一个名，我们实习一个月的时间，他也跟我们一样每天都到学校里来。

他有一件事情给我印象非常深。他每天到学校里来，除给我们解答一些教学上的问题外，就一直坐在办公室里，坐在那里什么事都不做，就看着我们，笑眯眯地看着我们。教研组的老师有问题要请教他，他也会很热心地指导。如果没有问题需要他指导的，他就一直坐在那里。实话说，我当时觉得蛮奇怪的，对我的老师而言，他的时间是很宝贵的，我们上课有时候他去听课，没听课的时候，为什么他坐在那里什么事都不做呢？这是一个很大的疑问。

好多年之后，我带着这个问题去问他。我说："高老师，我们实习的时候，你为什么不带一些书来看，或者带一些文章来写？"他很认真地跟我说："我的任务就是作为你们的指导老师，你们有事情的时候需要我指导，我就指导。没事情的时候，我的任务还是作为你们的指导老师，我不是来学校备课、看书的。也就是说，我不能做别的事情，做别的事情就好像干私活一样，也就是我要专注于做你们的指导老师。因为如果你们看见我在那边看书的话，有时候你们有问题就会不好意思来问我。"老师的话让我相当吃惊！

这一个月的时间，他是全身心地作为一个指导老师在学校陪伴我们，指导我们。就是空闲下来，他也不做别的事情，就只为了让我们随时有问题都可以比较自如、不用考虑其他情况地去向他求教。这真是太让我吃惊的一个老师，但我的老师不是单单这件事情是这样的。他上课，跟我们交流，甚至他所说的每一句话，都不是随随便便说的，每一句话都是仔细琢磨了的。有时候你问他问题，他不能马上回答出来，他也会告诉你我要想一想。然后说出来的这些话，都是他非常认真地思考过的。他做人实在太用心、太认真了。

有一次，我们聚会的时候他也来了，大家向他请教。他现在当爷爷了，怎么当爷爷的？他跟我们说了一件事，也让我们很惊讶。他说："我的儿子家里有事要叫我去，我都是马上就去的。我去的时候会把自己的被子、床单，包括其他的生活用品一起带着去。因为我不想去儿子家一两天就给他添麻烦，等他不需要了，我马上就回来。平时我不会以关心孩子的名义去影响他的生活，也不会以长辈的名义去指导孩子的生活，我跟孩子的关系就是这么简单。"说实在的，当时大家真的是觉得很吃惊，这也是我第一次听到一个父亲到自己孩子家里去帮忙的时候，是这种帮忙的方式。

高老师特别强调要让孩子过自己的生活，他需要你帮助的时候，你随时就能到场。他不需要你的时候，你可以过自己的生活，也不需要孩子为你担心这个、担心那个。也就是说，要确定跟孩子一种新的关系，新的关系既是父子关系，又像朋友一样——清清楚楚的，上海人叫"清清爽爽"的，高老师做什么事情都是这样的。

每次跟我们聚会，他总是会说一些特别让我们有启迪的话。比如我们一些年纪比较大的同学，有一次聚会的时候，有不少同学要退休了，有的同学已经退休了，他就会给大家特别强调，还要有人生的一些新的规划，要有一种新的生活方式，要为未来做出一种新的安排。也就是你所过的生活是应该有准备的，不是按惯性将就着过，而是要有自己的独立思考与选择。

高建中老师曾经担任过学校中文系的系主任，那个时候系里需要他出来主持工作。他是说得清清楚楚的："我只做一届，这一届五年，一到期我就马上辞职。"后来果然是这样。到他退休，他也是这样，"一到退休年龄，我就马上退休"。

他自己的立场非常明确，处理事情的方式也绝不拖泥带水，可以说高老师是非常有风格、有风骨、有风范的一个老师。所以我有时候一想起他，就觉得他给了我很多的启迪，我觉得他也是我生命中一个非常重要的范本。我经常会从心里感激他。

2020 年 9 月 27 日

浅谈就业选择

今天和湖南师大小学教育专业的几个硕士研究生聊到了就业选择的问题。

她们今年夏天就要毕业了，除了论文答辩外，选择职业就是最为重要的一项工作了。有的毕业生已经拿到就业合同，有的还在做选择。于是，我们就聊到了选择的标准是什么。总体来说，选择的标准有这么几条：希望能入编，希望在一个好的城市。也就是希望在一个比较喜欢的城市入编做一名小学教师。

其实人在做选择的时候，不是那么事事如意，可能会有很多的选项。也就是在有多种选项的时候，你会怎么选择。比如有一个毕业生到了某城市的一个新开区，这里所有的教师都是合同制的。还有一个毕业生说，她很希望入编。我说，如果你入编很可能去一个比较偏远的学校。也就是有两个选项：要么去偏远的学校入编，要么去市中心比较好的学校（大家公认的名校），但只能做合同制教师，你会做什么选择呢？这就有点选择犹豫症（或选择困难症）。

其实，这还不算选择困难症，这里有一个取舍的问题。有个女孩子说，她可能会选择比较偏远的地方，可以入编，以后就不再需要考虑入编问题。另外一个女生则会选择到市区的一所学校做合同制教师。紧接着另外一个女孩子问：如果一直是合同制教师呢？你怎么看待这个问题？

其实大家都已决定做小学教师，只是在哪里做小学教师，在什么学校做小学教师，身份上是合同制还是入编，无非就是在这几个问题上选择。

当然，我们首先要确定：作为一个老师，总是希望能够教到好学生，所谓好学生就是来自更为良好的家庭以及拥有良好的家庭背景，包括智力、教养、规则意识、学业上进心，还有自己的人生志向等，不同的家庭其实差异是很大的。对教师来说（说直接一点），教师不是圣人，是一个普通的职业人士，所以自然而然希望教到好一点的学生。尽管有人愿意到更艰苦的地方任教，那是他的一种生命境界。对一般人而言，肯定希望在一个良好的社区做教育服务工作。当然，你所选择的学校对你今后的职业生涯会有各方面的影响，这是其一。

其二，从现实层面来说，你在一个良好的社区任教，其实也为你的择偶提供了不一样的选择空间，这一切是显而易见的，也是很具体的一种生态。对每一个人来说，你的婚姻跟你现有的条件和所处的环境有很大的关系。

第三点你可能会更少想到，若干年后（快则三五年，慢则七八年），你的下一代到什么样的学校去学习，可能跟你今天的选择有很大的关系。经常有老师向我咨询，比如有的老师家在县城，工作是在乡下学校，孩子是在乡下上学，还是在县城上学？其实这就是难以选择的一个麻烦。

也就是说，实际上我们在做职业选择的时候，对我们今后的人生很多重大问题就产生了一种影响。自然界里存在这种生命本能，叫"上配"原则，这个原则在所有动物身上都能体现出来。

比如雌性的动物总是会找更强健的雄性动物交配，结为伴侣，而后生育更强健的下一代。这是动物的一种本能，是为了延续种族的生命，自然会做出的一种选择。但在人类身上，某种意义上也存在着这种"上配"欲求，作为女性来说，她总是渴望找一个更优秀、更强壮、更健康、更适合自己的男性结为配偶。这不是简单地说男女不平等，它首先是受本能所驱动的自然选择，当然又受具体的社会文化等因素的影响。

我在很多乡村学校做研究时就发现，乡村学校的女教师往往通过婚姻改变了自己的生存处境，自己虽然在乡村学校任教，但大部分都居住在城市里，丈夫基本上是公职人员，或从事工商等一些职业。而男教师的配偶往往都是生活在乡村，在乡村从事农活，或者小商户等一些职业。也就是说，男教师成为女性"上配"的对象，婚姻没有提升男性的阶层，而女教师往往通过婚姻提高了她的阶层。这是非常现实的乡村教师的生活处境。

曾经有一个乡村教师跟我说，她所在的镇上男教师的寿命普遍短于女教师，其中就跟特别艰辛的生活有很大关系。其实，当我们做职业选择的时候，很少有人把"温情脉脉"的那层窗户纸捅破，让我们更真实、更"功利"、更具体地去考量。我们的职业选择有两种可能：一种是使你阶层往上走，另一种可能是使你阶层继续往下走。这是关系重大的事情，不仅会改变你今后的生存处境，也会影响你下一代的很多生存机会。

所以当我们做职业选择的时候，要有"三个好"的意识。第一，努力选择好的学校。好的学校，即使是合同制教师也好于乡村薄弱学校的正编教师。当然，包括合同制教师这一点今后也可能会改变的。当你在好的学校，你教学的处境以及职业的研修机会，教师的眼界与思维习惯等都会有更大的拓展与提升空间。第二，对你的婚姻质量能够产生重大影响。第三，对你的下一代而言，父母的婚姻、生活处境，父母的教养以及文化意识都会成为下一代的"起跑线"，孩子的起跑线是在父母身上的，孩子是被父母决定的，父母在直接影响、促进孩子各方面的成长。

这个问题，当我们这样讨论的时候，是不是显得有点俗气呢？但是这个俗气，恰恰可以称之为择业经济学，或者择业社会学，择业对一个人的未来，关系太大了。

2018 年 5 月 16 日

教师节，再谈对教师职业的理解

今天是 9 月 10 日，一早就收到了很多朋友的节日祝贺。我也给很多朋友发出了节日的祝贺。我的朋友中教师是一个主体，我认识的教师的数量也是惊人的，全国各地都有，我也听过无数老师的课，在网络上结识的这样的朋友就更多了。

今天也有朋友问我说，对教师节你会有什么样的感想呢？不管怎么说，这个节日总是美好的，节日就是一种仪式，节日就是相互表达祝福的最好的时刻，这是一方面。另一方面，这样的节日也有助于我们进一步对教师这个职业加深认识。

我早上也在想，如果对教师这个职业做一个描述，我还有没有新的说法。其实要一个人不断地有一些新的说法，是很困难的，甚至是不可能的。也许新的说法就是脱胎于旧的说法，或者你所谓的新的说法，也是别人早就说过的。

这并不是太阳底下无新事，而是对某些古老的职业，大家往往会有一个普遍的、流传已久的、共通的认识。如果要简洁地说，教师这个职业在我看来，真的就是"教育是一个困难的事业，教师在从事一种困难的工作"。

教育是难的，这是一个最基本的认识。其实一个人怎么学习，这太复杂了，我经常感慨，我说一个孩子的成功，你可能会觉得你有功劳，但是同样你教的学生里有一些学生很不成功，那是不是也是你的缘故呢？有时候有一些相对薄弱学校的老师也会有类似的感慨，说某某高中那么厉害，那些老师也来我们这里教一教吧，看看是不是也能教出那么厉害的学生。

总而言之，这个不是同行相轻，而是从这里你就可以觉察到一种思维，就是教师对学生怎么学习，他是有功劳的，但又不完全是他的功劳，很多事情不完全是教师能够完成的。所以我想，一个人作为教师，他最基本的素养应该有哪些呢？

当然，首先教师得是一个专业人士，他得有对自己所教学科的专业能力，这是一个前提，而且这样的一个专业能力也是他终身要修炼的。大家说的备课，其实就是修炼的一个过程。备课，既备你所需要专业的一些基本的共识、基本的专长、基本的知识，当然也要备在这个知识领域不断产生的新的理解。

就是在知识层面来说，一个是备既有的，一个是备新的拓展的，然后还要备属于你所形成的有一定穿透力，有一定造诣的，你的课堂的优势。现在我们越来越理解到，知识层面上，光是备你所教的知识是不够的，更重要的是要研究学生。

一说到研究学生，那就进入了最为复杂的一个领域，教师最需要敬畏，需要谦卑，需要持续研究，需要跟学生有更多的理解、交往、对话等，这些工作太复杂了。你说做一个教师最头疼的是什么？最头疼的就是你理解不了学生，或者你跟学生的关系一直很糟糕，一直有很多的问题。

所以说，有时候这个教学工作也是蛮让人恐惧的，它有太多的困难、太多的失败、太多的不解，始终在挑战着你。这个是你一生都要面对的，这个职业让你不能停顿下来，研究知识不能停顿，研究学生不能停顿，课堂的探索不能停顿。

那么作为一个教师，最需要的一种什么样的工作状态和精神状态呢？我首先想到的是我经常会强调的身强力壮，保持着旺盛的精力，每一次在课堂上都始终精神饱满，情绪积极，情感平衡。你的身体能否足够支持你的工作，这个对很多教师来说其实也是蛮有挑战性的。

其次，你始终要以研究的、探究的，对学生充满未知的心态去工作。这个工作使你成为一个探索者，更重要的是对生命的探索，对儿童成长规律的探索，这一点也许会成为教师这个职业的真正重心所在。

再次，在学校里这个合作的意识变得越来越重要。刚才我说到了跟学生的合作，其实跟同事的合作、跟家长的合作也变得越来越重要，也就是说，我们是一个生命的共同体，要跟这么多的人合作，多方合作；另外，我们又要跟共同参与这样的职业发展、专业发展的同事以及更多的人构成一个学术共同体。这个合作的意识太重要了，它要成为我们最基本的一个意识，在我们的生命行动中表现出一种更为积极、更为主动、更为诚恳的态度。

无论是作为一个探究者，还是作为一个合作者，身体好对教师这个职业而言都是极为重要的。

2020 年 9 月 10 日

好教师的重点不是教学生怎么做人

著名的管理学大师德鲁克认为好教师是天生的，好教师是怎么上课都是好的，你可能很难说清楚什么类型的教师才算是好教师，但是学生知道，学生听了他的课以后，就知道他是不是一个好教师。

我觉得好教师一般有以下几个特质：

第一，就是他很喜欢做教师，天生就喜欢，这是最核心的。也就是他喜欢讲课，他喜欢听众，他喜欢这种讲课的享受方式。

第二，他一定有他的特质，这种特质往往并不是后天培养的，后天只能激发出来，而是他先天就具备了这些特质。

第三，他能够把作为一个教师看成是一生的职业，他不断地去琢磨，不断地去研究，也就是自我发展，而这个能力也是与生俱来的，所以这就是天生的好教师。

当然，可以这么说，这样天生的好教师，他们的课堂魅力是有差异的。有的人会教得很细，他讲得很细致、很耐心，不断地把他所知道的东西跟学生分享。还有一种可能他讲得很少，他讲得不多，他并不是滔滔不绝的人。

德鲁克认为，老师的教法实际上可以有所不同，但是对学生而言，无论哪一种方法，作为一个好教师，他的这种方法总是运用得恰到好处，或者是发挥到学生所最喜爱的那种状态，他实际上都可以成为一个好教师的样本。

我认为好教师无非两种，一种是你的课让你的学生觉得他也想成为你那样的人，那你就是一个很好的范本。比如说学术研究的深刻度、价值观、视野，作为个人的趣味、魅力等，都能让你的学生渴望成为像你那样的人，这是一种教学的目标。

还有一种，就是你不断地激发学生成为他自己想要成为的那样的人，这种课堂是学生成长的助推器。它不断地助推，不断地开拓，不断地鼓舞，不断地激励，最后学生成了自己想成为的那种人。

这两种类型的教师，在你的生活中当然都可以看得到，有一批教师，他后面有很多追随者，希望成为他那样的人。还有一批教师有很多感激他的人，因为他们最终成了自己想要成为的那样的人。

我还有一个理解，实际上天生是好老师的这种情形还是少的，经过后天努力而成为好教师的肯定会更多。这样的老师最为重要的是他教给学生学习的方法、思考的方法，这些方法比他所教的学科知识肯定还要重要。

因为你如果仅仅教授学科知识的话，这个学科知识的局限性，包括你的思考研究、你的阅读等的局限性都是很明显的。但是你如果教给学生方法的话，这个方法就有助于他自己去探索研究，也有助于他不断地去扩展，去形成自己的方法，这肯定是更好的一种教育方式。所以好老师总是特别有办法的人，这是一个观点。

还有一个观点，比较有意思：我认为一个好老师，他的重点不是在教学生怎么做人。教学生做人，这真的不是任何一所学校的核心任务，大学就不要讲了，甚至中小学也都不是教学生做人的最重要的一个场所。虽然我们讲教书育人，但是要说教做人最核心的是三个方面：

最基础的是在家庭，家庭是教育做人最基础的一个场所，父母在这个时候是孩子的第一任老师，也就是教孩子怎么做人。这里涉及到做人的很多生存之道。你要学习生活上的这些最基本的常识，首先能够有自食其力的这些方法与能力，这是家庭的核心工作。

当然，做人里面最核心的是对社会的规则、法律、价值观的理解、认同与遵守，这是最重要的。做人实际上是一个社会的问题，也就是说整个社会的规则、规范，这是所有的人都要遵从的，更是每一个孩子都要遵从的。整个社会实际上才是真正的一所大的学校，每一个人在社会里面遵守各种规则、规范、法律，那也是自然而然的事，你从中习得一些社会"常识"，就会成为一个公民。

第三个方面，是讲人际关系怎么处理好，包括跟他人、跟社会、跟世界、跟自然、跟自己的关系。其实，每一个人都可以从他的父母、他周围的人，甚至是从陌生人身上，学习到怎么做人。所以学校最核心的任务反而不是教学生做人，而是孩子的一些教育没有做到位，然后需要学校来纠正、来辅助，并用各种各样的方式来帮助他去做一个更好的人。

这个时候你就会看到有差异，也就是同一个老师会带出不同的学生来。这主要是因为家庭不同，包括自己成长过程中各种理解力、接受能力等方面的不同，所以学校有时候还需要做这样的教育人的工作。

2021 年 2 月 21 日

好教师能够帮助到孩子什么

关于"好教师"的话题，我曾谈到我的一个观点，就是好教师的重点不是在教育人。我们经常说的教书育人，重点其实并不在育人这个环节上，因为我认为育人最核心的、最基础的、最基本的工作都是在家庭里实现的。

首先，家庭可以说是通过父母的爱的方式使孩子获得安全感、获得挚爱或者对他人基本的这种情感的。

其次，父母手把手地教给孩子一些生活的最基本的常识，包括这些社会的最基础的规则规范。在孩子即使还不能理解这些规范的时候，父母已经用不断教育、不断指导、不断督促的方式，让孩子逐渐地领悟了这些规范，也就是即使不懂，你也已经能够照着执行了，这种工作其实就是作为父母的最基本的工作。

再次，说实在的，在家庭中，父母在引导孩子成长方面，还给了孩子强大的信心，并让他逐渐学会处理好各种人际关系。这个信心就是他最终能够成长为自己，他最终需要对自己的成长承担责任，对社会也能够承担自己的责任。可以这么说，在正常的家庭里，一个人成长最主要的工作实际上已经完成了，如果没有完成的，你把这个孩子交给学校，交给老师，说是学校能够承担这个工作，老师能够完成这样的工作，对此，我是会有所怀疑的。

其实，你可以回溯一下自己的成长历程，想一想看哪些是父母教给你的，哪些是学校教给你的。你再反思一下，有哪些是父母没教，只好由学校来教的；有哪些是父母已教了，即使学校也教，但是你真正记住的、执行得最好的，往往都是来自家庭或父母。

　　所以学校在育人方面可能更重要的是学校本身的意识形态，也就是它有它的教育目的，它的育人是符合它的价值追求的，这跟父母的育人作为人的最基本的一种规范这一方面的培育是不同的，这是两条路径。

　　我曾在"文质说"里特别强调，好教师到底能够帮助到孩子什么。我认为一种是教师本身就成了一个好的范本。这种生命的丰富范本，无论是他学术的高度，他对学术的追求精神，他的职业态度，他对学生的这种所代表的教师的职业信念等，都成为学生的一种范本。所以就有一些好的教师，厉害的教师，会带出很多门徒来，会带出很多追随者来。这一些人就都像他一样，这些人从内心也渴望成为像老师那样的人，像自己所崇敬的这位老师这样的人。

　　当然还有一种老师，他没有这样的魅力，他也不追求这样的魅力，他更多的是激发学生成为自己，成为各种各样的人，也不是老师希望他成为什么样的人，他就成为什么样的人，而是老师不带有这种期望，老师只是激发他们成为自己，无论他从事什么职业，无论他生活在何处，无论他身份怎么样，最终都成为自己，成为一个更快乐的、更有追求的、对社会有担当责任的，对社会有所贡献的这样的人。

　　这样既促进了社会的发展，个人又能更自如、更幸福，这种教师他教得更多的就是具体地促进学生发展的方法。当然这些方法的形成其实是挺不容易的。我觉得一个好教师，他会经常去思考什么样的方法更能促进学生的发展。当然，思考这样的方法一个前提就是他总有一种生命性的东西，也就是说从个人的这种经验里，从个人的领悟里，从个人的这种特质里，他会更多地归纳出具有普遍意义的具体的一些方法，他用这样的一种方法去教导学生。

　　实际上，学生所学的并不是那些有限的知识，或者说学科的知识，而是这样的一种方法，它有一种更好的穿透力，更能扩张你的视野，更能形成你自己的独特的一种领悟力。所以从某种意义上来说，一个人不论资质如何，要遇到一个好老师，都是非常不容易的事情。

在今天，学校被分类了，某些好教师的资源也被垄断了，在这种情形下，有时候一个人就很难遇到好的老师，那怎么办呢？从家庭来说，当然它就会创造一些可能性，让孩子有幸能够遇到这样的好老师。这本身也是社会的一种形态，也就是某些家庭更容易让孩子遇上好老师，而某些家庭就非常难了。一个人在成长的过程中，如果能够领悟到好教师对自己一生的意义的话，他就需要自己不断地去寻找这样的好老师。

2021 年 2 月 22 日

一个好老师其实无所不能

前几天，我到武汉参加我的新书《教育的勇气》一书的发布会，遇到了一位年轻的老师。据当地一位教研机构的负责人说，这位年轻教师的课上得特别好，经常代表学校、代表学校所在的区，甚至代表她所在城市参加各种各样的教学比赛。

同时，这位老师也是一位广受学生喜爱、学生父母认可，以及同事肯定的好教师，但是令你惊讶的是——她却是一名代课老师（已经代课好几年）。她参加过两次入编考试，第一次入编考试到了最后面试阶段，录取七位教师，她是第八名；第二次呢，连面试的资格都没有。

其实，我们的入编制度设置上肯定有它的理由，但这个理由是否能真正选出优秀的老师，这可能不是它所考量的。它要选出它认为适合的老师，这是更为重要的一点。当然，这里还有其他很多复杂的因素，这位老师可能真的没办法成为公职老师。你可能会想那就等制度的变革吧，或者说你继续考试吧，但这位老师对继续考试已经信心严重不足。那等待制度变革？或者有些老师因为考不上而去申诉？这可能都是比较笨的办法。

这位老师征求我的意见，我说像你这么想当老师的人，而且又受到广泛的认可，其实你就是一个好老师。这个"好老师"的资源，首先是属于学生的、属于社会的，而不仅仅是属于学校的，我的建议是她应该创办一所自己的学校，做一个美好的老师。直接说，我建议她不要再继续当一个月两千多元收入的老师了，这种身份是很屈辱的，也是很不公正的。变革，不一定要在体制框架内变革，更重要的变革，应该是从自身开始的。实际上，要说这样的变革有多大风险呢，我也看不出来。

我又跟她强调了一点：一个人能够当好班主任，几乎就可以做一个总统。这是一个夸张的说法，实际上一个好老师，你是无所不能的，只要你有这样的信心，你就可以尝试着努力闯出一番自己的天地。其实，尊严是很重要的。尊严，包含着自由、公正，包含付出的劳动能够得到应有的回报，等等。有时候，是不能等待所谓的制度变革，所谓的"老天开了眼"，阳光终于播洒到你的身上来。我跟她说的是现在就可以去行动。

这其实也是我经常思考的一个问题。这些年，经常有老师向我诉说自己的年收入，说实在的，都是少得可怜。前几天，一位老师向我说她工作已经22年，是一个有着中级职称的中学老师，所有收入加起来一年不到6万元。这样的收入，可能是绝大多数教师的一种普遍状态。所以当她向我征求意见的时候，我给她的建议是什么呢？

如果话题要荡开谈的话，第一，我觉得要重视自己的身体健康。也就是保持良好的身体状况，始终要把它放在第一位来思考。对那些加班加点，对那些额外的负担，对那些损害身体与精神健康的很多行为，要有勇气拒绝。

第二，一定要把自己子女的教育放在最为重要的位置上。这个话题我已经讲了十几年，我还会继续讲下去。你别无选择，你的变革要从家庭开始，从你的孩子开始。作为父母，要牢记自己的责任，千万不要在子女的教育上麻痹大意、粗心大意，忽视它的重要意义。并不是说，你把子女教育好了，你的未来就会有多大的改变空间，而是首先要想到，你如果没有教育好的话，麻烦会更大。

第三，我想到的是真的还是要想办法多赚点钱。至于怎么想办法，我开不出"药方"来，我只能说，你时时地要想到。实际上，我们要说的某种合法的欺骗性，在学校里是大行其道的。你仔细去辨别一下就会发现——几乎每一句话都有很强的给人"挖坑"的意味，几乎都有将人引入歧途的可能性。所以一个人也许能做的最重要的事情，就是要用自己的大脑去思考，用自己的双手去行动，通过自身的努力去改变自己。任何点点滴滴的改变，都是有意义的。换一副脑筋，也许就能换一条生路。

今天我在我的朋友圈里谈到另一个观点，在一个正常的地方，肯定没有一个行业会成为弱势群体。如果有一个人被别人欺凌了，也不必呼吁因为他是一个教师被人欺凌了，所以要特别惩治那些凶手，是吧？这是一个常识，你要去理解它，一点都不困难。

我说这些话，其实是有针对性的。因为我看到一篇文章，题目就是"呼吁要严肃惩治某某县暴打教师的凶手，打人者曾经也是教师"，其实说这些身份、说这些背景都没有意义，打人是违法犯罪，无论他打的是什么样的人，无论打人者是什么样的身份。所以当我们一直在强调当事人身份的时候，我们的思考本身也是有问题的。

这个社会已经把人划分成无数的等级，所以我们不能随鸡起舞，也不能与狼共舞，哪怕我们在写一篇文章，哪怕我们在说一件事情，哪怕我们在谈论一个人的时候，我们也一定要按照正常的逻辑去思考，同时要避免那些习以为常的误区扰乱我们最基本的思维。

2018 年 6 月 11 日

把每个孩子当成天鹅一样去鼓励

这一阵子正好时值中考，不同的地方考试时间是不一样的，有的地方已经考过了，有一些地方还没考。我发现在微信朋友圈里，讨论初中升到普通高中学生数的比例问题，大家对这一类文章的感慨就多起来了。

一般而言，按照现在的政策，就是初中生能够升到普通高中的，只有一半的人数。我看到有一位朋友举了一个例子，说像深圳这样的地方，初中生升到高中的比例，实际上还不到一半，有一年的比例只有 43%，所以中考的压力，或者说中考的竞争是十分激烈的，这跟升入高中的学生比例偏低有很大的关系。

当然，这是国家的一种政策，这样的政策制定出来以后，它影响的面是非常广的。我在"文质说"里谈过一个观点，因为我们很多政策制定出来，确实都是国家统一的一个政策思路，这个政策思路你从国家的计划来说，它有合理性，有国家整体的规划。但是可能没有想到，像深圳、上海、北京这些地区，如果也是按 50% 这样的学生比例升入普通高中，这些地方中考的竞争激烈程度，就会大大高于广大的乡村。这不是对乡村的歧视，而是升学里面有一个原则，叫高配原则，也就是说父母受的教育程度越高，他越希望孩子能够继续往更高的一层走。

比如说父母受过高等教育，他们肯定希望孩子能够通过普高这条路参加高考。对于广大的乡村父母来说，他们受的教育程度相对要低，这一点我们也有一些数据的支持，在很多乡村，父母是初中以下文化教育程度的占主体，如果他往高配的话，心中当然也会梦想还是考大学，但是他对孩子的这种期望值或者说家庭实际的目标可能会低很多。在城市里，特别是经济发达的这些沿海城市，父母对孩子的这种高配需求要强烈得多，这也是导致这些城市中考变得越来越激烈的最为核心的原因之一。

总体来说，我们的国民教育、义务教育当然是由国家来主导的。国家来主导，它更多的是有具体的计划性，这个计划性就体现在国家的政策上，那么各地就要按这些政策来执行。这些政策会影响到千家万户，具体会影响到什么呢？比如说你孩子上学的时间，你孩子学业的各方面等。

不过，过若干年，有可能过了三五年，甚至时间更短，有一些政策变化了，这个政策变化是不会照顾到之前的政策的，说变就变了。比如说有一年江苏省新来的一个领导，他认为上普高的比例太低了，他认为要提高到 80% 左右，那一年就有人受益了。后来，他发现真的没办法这么做下去了，那是另外一个话题，但至少在这一年里，有些孩子会受益于这个政策。

我们的教育，是一个计划教育模式，另一方面它又可以称为政治模式。比如说我经常思考的一个问题，就是我们今天所谓的名校，无论是像衡水中学这样的名校，还是各地的一中、师大附中等等，最重要的都是受益于相关的政治地位，也就是说你高中学校本身录取的分数是根据国家配给制而定的。像福州一中，它所招的高一学生就是福州市最高分的，甚至它还可以招到全省各地一小部分分数最高的学生。你说这所学校考试考得很好，其实没有任何的其他因素可以来证明，只是招的学生起点高，叫入口决定出口，这样的学校能考出更高的高考成绩这都很正常。

所谓的名校，你说它这么有名，在现有这样一个体制下，所有的证明因素都比较缺乏说服力。倒是像我一个朋友所在的学校——云南昆明的丑小鸭中学有点儿意思，他这所中学不是为高考招学生，他招的都是没有人要、没有人疼爱的，让很多人感到失望、感到束手无策的这些所谓的问题学生。所以丑小鸭中学的校长詹大年最近有点火，火的原因主要就是在他这样的边缘学校，虽然困难学生、问题学生比较多，但是他把孩子们当成天鹅一样来培养。

只有真正把每一个孩子都当成天鹅一样来培养，这样的学校才能当得起学校之名，这样的校长才是真正的有教育家情怀的。

至于那些名校的名校长，其实这个"名"都是体制之名，并不是他们真的有多少教育的新见解，他们有多少在教育中表现出来的独特勇气，他们能够在现有的教育体制之下干出让人敬佩的教育业绩。其实，这就是今天教育的一个常态。

2021 年 6 月 30 日

佟生老师的成长是很有借鉴意义的范本

山东的一位乡村学校的老师，叫佟生。佟老师 40 多岁了，一直在乡村任教。今天，他给我发了一条信息，他说，从去年 9 月 17 日开始，一直在读我《教师的使命》这本书，一边读，一边写读书笔记，到今年 3 月 10 日，总共写了 50 多篇读书随笔，加上 5 篇其他相关的文章，总共写了 10 万多字。这真是非常了不起的数字！

这位佟老师，在我看来，是一个非常奇特的乡村教师。他自己说工作 20 年来以前从来没买过书，也从来没有读过一本书，更没有写过任何文章。很久之前，在原先的单位，一所村小中，他什么农活、体力活都会干，但就是教学能力不高，而在这样的村小里，教书的能力差一些，实际上没有人会太在意，可以说，曾经在很长一段时间里，虽然他工作很努力，却把力量都用在了学校建设和日常杂务上。

后来，他来到现在的单位——镇中心小学之后，在 2006 年的夏天，他被孙明霞老师的"教育"唤醒，成长的热情被我们的孙老师点燃，他发现了读书的价值所在，发现了自己生命意义的价值所在，就开始写教学日记，写着写着就形成一种写作自觉。

现在，他每天都写 1000 字以上的文章，持续日更已经坚持了 1300 多天。这真了不起！这一周，他刚刚又上了一节区级公开课，四十几岁了还在坚持努力"登台亮相"，成熟虽然有点晚，但是成熟之后的势头却有些猛。

之前我在"文质说"、在我的讲座里都提到过这位佟老师，我也把佟老师看成一种现象，一种象征乡村教师成长的现象。说实在的，乡村教育的落后，它往往体现在很多乡村教师对自己的职业没有强烈的认同感，学校教学研究的氛围也不够浓厚，所以，很多教师对自己的职业成长并不抱太大热情，也就失去了不断开拓自己人生地图的强烈意愿，平时只要完成学校的工作就可以，很多教师不会意识到，唯有不断追求成长，才是对一个个生命的负责，自己的人生也才能更有意义。

因为教育资源的落后，老师们的工资不高，所以大家的生活品质也不高，生活的半径越来越小，生命越来越萎顿，这样的生命状态，很难对乡村教育起到更大、更强的促进作用。但是，在我们的共读群和写作群，像佟老师这样真正觉醒，对自己有所担当，对自己生命成长有所期许的乡村教师越来越多了，从我的视角来看，我们的好多个共读群，还有参加我的写作班的教师里乡村教师特别多。乡村教师的觉醒，其实外在条件并不是最重要的因素。

虽然，有的老师在乡村学校还是蛮孤独的，因为周围愿意跟他一起读书的人很少，但是，互联网可以使他虽然在学校是孤独的，可在群体之中，在自己所认同的事业之中，依然会有很多伙伴。所以，他不再孤独，也不再仅仅属于这所学校。他的写作、他的研究、他的教育作为会被更多人看到，当然，他也会因此得到更多鼓舞。

当然，他也会获得更好更多样的教育资源，也就是说，当他的心真正回归教育之后，他总会很容易找到自己成长的路径，结识与自己心性相同的教育伙伴，这也可以看作乡村教育的一种希望。

通过民间的方式，这样一种研究团体，这样一种共同体的形态，促进了乡村教育的发展。大家聚集在一起，共同学习，各自发展，同声相应，同气相求，就有更多的人在教育这条路上，坚定自己的信念，不断促进个人更好地成长。

今天，我特地在朋友圈发了佟老师读书的阶段性成果，主要是数字的汇报。当然，他也把他所写的 10 万多字的文章发给了我，等有空的时候，我一定要细细研读一番，然后再跟佟老师讨论。

2022 年 3 月 10 日

一个网约车师傅谈到的教育常识

我坐车的时候经常会跟开车的师傅交谈，当然，有时候你试一下，发现可能没什么话可说，那也就算了，也不要勉强人家。但是有时候你会碰到很喜欢跟你交流的人，甚至你一上车他就会很主动地跟你交流。

昨天我坐车碰到了一个师傅，30 多岁的年轻人。我一上车，他就跟我交谈起来，问我是做什么工作的。我告诉他我是做教育研究的，包括做家庭教育推广工作。他就开始聊起来。

他感兴趣的话题是为什么国家这么多年来一直强调要反对应试教育，结果应试教育反而越搞越厉害了，不仅中学搞应试教育，小学也搞应试教育，孩子上幼儿园有人就开始强调以后你们是要考试的，于是从幼儿园开始就有各种各样的考试。他很不解，因为按照他的逻辑，既然国家这么重视，为什么改进、改善一点就做不到呢？

然后，他说到了更大的一个困惑，为什么中考会这么难？中考这么难，原因是高中收的人少，有很多人要去读职业中学，还有很多人连职业中学都考不上，比如说他所在的深圳，社会各方面的发展都很好，为什么就不能办更多的高中呢？如果办更多的高中，是不是中考就不会这么困难呢？不会这么困难，家庭的压力就小一些，家庭的矛盾就更少一些，也不至于有很多孩子最后因为考试的问题，出现各种各样的生命危机，出现各种各样的不幸事件。

实际上他从自己的感受中觉得需要有一个人站出来，呼吁多办普通高中来减轻孩子的课业负担。我说实际上靠一个人不行，有一些状况已经不是靠一个人能解决的。后来他归纳为一点，说也许我们不需要那么多的大学生，因为这些孩子上的普通高中都是为考大学准备的，既然不需要那么多的大学生，可能就不需要那么多的高中生，作为社会底层的孩子，其实考上高中、考上大学，出来以后找工作很难，而且多半还是底层的工作。

于是他就跟我说了一个观点，说对自己孩子的培养还是要注重他的身体健康，注重他的精神健康，不要得精神方面的各种疾病，当然还需要他热爱劳动，因为如果热爱劳动的话，他以后会把工作做得更好一些。

这一路上年轻人一直都在叹气。叹气什么呢？在他看来好像有一些道理没有那么复杂，但是这些道理施行起来为什么就这么难？为什么社会分出这么多复杂的阶层，包括很多农村的孩子，连初中都不能读到毕业。明明国家需要大量的人才，国家需要创新，国家需要发展，但很多人还是不能受到好的教育，未来就成了最底层的劳动者。然后，他又突然领悟了一点，应该说底层的劳动者确实是需要的，只是有的人可能会觉得底层的劳动者就没有必要读那么多的书。

我把这些话题中他的几句观点放在了我的微信朋友圈里。有人问我，张老师你怎么看？我说这个朋友他说的道理是他自己看到、自己想到、自己慢慢领悟出来的，他所说的很多也是很真实的。

就像前两年，一个美国的学者叫罗斯高在中国做研究，我介绍过他的观点。他发现在农村有 63% 左右的孩子是读不了高中的，实际上初中都是勉强毕业，然后这些孩子就成为打工阶层，成为社会最底层的劳动者。所以，其实我们说的高考录取率很高，那是大量的学生初中就开始流失，可能只剩下 1/3 左右的孩子上普通高中，然后在这个比例里再有百分之八九的孩子考上大学，所以说起来高等教育的大众化其实离得还很远。

但是有一些专家，只是从高中生上大学的比例出发，一直在谈中国高等教育大众化时代已经到来了，甚至比某些国家还要高。我不知道他们是故意这样说，还是他们的智商本来就有问题。其实，至今在中国考个大学仍然是非常不容易的，哪怕你上的是二本，或者是不太理想的大学，上大学仍然是一个艰辛努力后杀出重围的结果。

2020 年 9 月 20 日

学业的失败不代表人生的失败

我曾经从村上春树的读书时光，说到我自己中小学的读书生涯，这是很有意思的。说实在的，我特别喜欢谈论所谓的学习困难的这些"差生"的故事。

人的读书能力的培养，真的是一件非常奇怪的事情。你要承认，人天生就不同，有的人生来就特别厉害，有的是无师自通，有的是一学就会，有的是很早就有方向且勤奋有加。当然，也有的人是怎么学都学不会，就像在黑夜中奔跑一样，总是找不到方向。

作为一个研究者，作为一个对自己的学业生涯有很多反思的人，我经常会感慨，经常会把同情的目光投向学业有各种各样困难的人。这些对学校不适应的人，对班级生活不适应、怎么样都没有喜欢上老师的人，怎么都安静不下来、怎么都进入不了学习状态的人，没办法长时间地、专注地学习的人，他们确实需要我们给予更多的关注。

令人更奇怪的是，有另外一种情况，就是他可能一直都很努力，但是这些努力没有好的结果。有时候父母以这个结果来判定孩子，总觉得他付出的努力不够。其实，他已经很努力了，只是再努力也没有长出丰盛的果实来。

这一点我在读高一的时候是特别有体会的。考得那么差并不是不努力，而是没有找到进入那一扇门的途径。到了高二以后我就明白了，我的理科肯定修不了，我在理科方面一无所长。还好世界上还有一种叫文科的东西，到高二的时候我就选择了读文科。

同时，几乎放弃了学数学，因为怎么学都学不好，我知道学不好是我的事，不是我们老师的事。我们的老师都是很厉害的，他们也是教出过很多优秀的学生的。所以你学不好，一定要多从自己身上找原因。当然也可能作为一个老师他根本没办法，或者说他也没有这样的智慧，去帮助一个特别差的学生，把他不足的地方给补起来。

我曾经听过福建一位很厉害的初中教师说，他在初三的时候接了一个很差的班级。这个所谓很差的班级就是校长把整个年级很差的学生，学业啊、品行啊各方面都有问题的孩子集中在这个班上，然后让这位老师来当班主任，来教数学。

他在数学方面采取的方法就是，让每个学生都来做检测，他检测的目的就是要检测出学生们的真实水平是到了几年级。他告诉我有些学生数学的真实水平就是小学三年级，然后他就从小学三年级给他们开始补课。先把最基础的补好了，这样就有一个保底的分数，同时也就改善了同学们的学习自信心。那一年，他那个班就创造了一个奇迹，很多人来向他取经，学校也感到非常惊奇。

他说他做的最基本的就是两件事，一件是从孩子们真实的水平出发给他们进行补课，然后进行系统的、逐步的提高训练。他尽量让孩子们能够拿到最基本的数学成绩，其他学科他也是这样建议任课老师的。另外一件就是改变学生的学习心态，让他们变得对自己有信心，让他们在个人的品行方面看到希望，这样一来，孩子变得越来越阳光，越来越遵守纪律，越来越像学生，这正是他所希望的那个样子。

从我的角度来说，我基本上是从高二以后进了文科班才开始缓缓学习的。有时候反过来也可以这么说，你很可能一直不开窍，但是你开窍了以后，同样的付出所产生的效果是不同的。开窍也可以分为两个方面，一方面是对自己的责任感开窍了，你明白你根本就不可能靠谁，谁也帮不了你，你只能靠你自己，这一点很重要。这一点实际上每个人都有，就是自发的力量，对自己的责任，它使你变得坚强，变得执着，变得有责任感。

另外一个所谓的开窍，可能就是找到你所擅长的领域。在这个擅长的领域里你去发展自己，从具体的学习成果上，你能够看到自己一点一滴的进步。虽然你还会有各种各样的担心，但是一旦找到方向了，就会更加用劲。

从父母这个角度来说，有时候你可能真的帮不了孩子。所谓"帮不了"是因为在学业方面你不一定是一个很厉害的人，也不可能一下子就帮孩子找到方向。

那父母该怎么办呢？我觉得世界上有一些所谓笨的办法可能也是最好的办法：父母要有耐心，父母不要火上浇油，父母不要对孩子变本加厉，父母还是要更多地去鼓舞孩子。我觉得最重要的鼓舞就是，要让孩子明白，即使学业上改变不了自己，但是人生还是有很多的可能性，更要紧的是不要认为自己的学业失败了，人生就没有希望了。

村上春树所要告诉大家的，大概也就是这样的一个信念吧。他最后成了一位很厉害的作家，有一天，他可能还会获得诺贝尔文学奖，我也很期待。

2020 年 4 月 12 日

你是否还有勇气做一个自我变革者

今天说起教育，我会更多地去思考主动的、微小的、持续的这几个词，也就是一种建设性的教育生活。

其实这样的一种生活，它首先是一种自由意志的表达，它不会来自强制与压迫，也不会来自文件与掌控者的手。其实，文件与掌控者的手无处不在，它们构成了我们生活中最核心的一种统治力。那么，反而需要思考的是，在这样的掌控之中教育生活的可能性。多年来，我一直思考的一个很重要的主题是：当一切大的格局都不可改变之后，当一切宰制的生活弥漫到你所有的空间之后，你是否还有勇气，是否还愿意做一个自我的变革者？这样的一种决断，最重要的是精神的突围。

　　某种意义上来说，今天的教育它已经被骂死了，教育已经掉落到尘埃中去了。教育身上挂满了污泥浊水，完全不需要有人再来关心对教育真实的认知，需要的反而是——在这样的格局中——是否还有人愿意做教师，做干净的、热情的，按着自己的本心去与学生、与同事、与周围世界交往的教师。所以我想到了"主动"这个词。主动，可能也是被宰制的生活中匮乏的一个词。

　　绝大多数人都认命了，都遵循着体制固有的逻辑。这样的被动确实是一件非常可怕的事情。一个人能够面对最终的大局，既需要一种勇气，又要承受各种各样的打击。所谓的主动，是基于自己生命的，是基于自我选择的，是基于自由精神的。所以也需要有更多的人来说教育的好，说出自己在教育中微小的努力，说出自己持续的对可能性的专注。这一切都很重要。

　　有时候具体的情形，就是类似于铁屋被打破之后的新的苦闷与挣扎吧。但一定还会有另外一种生活的，这样的生活是属于心灵的，是属于个体的，是属于一个又一个具体的人的。回到这样的立场上，去面对每天的生活，某种意义上也可以说，当把生命感灌注其中的时候，这个世界的色彩是能够有所不同的。也可能真正的变革就从"认真"开始，就是认真而又诚实地把每件事情按照它本来应有的样子，尽各种可能性，努力地去完成。这就是一件极其困难的事情，它的结果也是能够带来喜悦与慰藉的。

　　另一个词可能就是"真实"吧，就是真实地去面对，真实地去生存，生活在真实之中，不回避，不自我欺骗。真实的同时意味着，即使你无法改变什么，但是你有勇气生活在无法改变之中，认真地去承担自己的职责，这也是令人敬佩的。

2018 年 9 月 19 日

你的焦虑来自哪里

在一个教育现状普遍让人感到深度焦虑的时代里，我们当然希望教育能够重获发展，但它的转机到底在哪里呢？

每个时代可能都是特殊的，今天尤其如此，教育已是关切到千家万户的事情，教育问题也是社会的核心话题。从某种意义上说，教育发展到了一个重要的转型时期，当然，教育也存在深重的危机。

教育问题，它的复杂性还在于不仅关乎人性、关乎儿童的未来，还关乎社会更良好发展的可能性。同时，教育问题往往也是社会问题，如德国的一位哲人所说，"教育的危机就是国家的危机"，也就是我们对关系到所有人的教育有特别深的一种担忧。

有时一个教育事件，马上会引起整个社会的反响——具体的教育问题，它往往不是一个孤立的、简单的事件，它会引起连锁的、连带的、持续的，特别是更深层的一种共鸣。在这样一种持续的连锁反应背后，确实反映出我们对教育未来的发展都抱着极大的期许。而未来是不稳定的、不明晰的，也是令人焦虑的。

在校长与老师的认知中，更重要的是从家庭的角度来说，家庭是教育之根。今天我们强调要重视家庭、重视家教、重视家风，其实最核心的就是要重建一种社会生活——让所有人都意识到孩子成长的核心责任是在父母身上。

作为父母，不仅把孩子生育下来，同时，父母与孩子的关系也会影响孩子一生最核心价值的形成，决定孩子生活的方向与人生的目标。当然，在谈教育之前，家庭生活还有一个更为重要，也是所有人无法替代的功能——父母的陪伴与悉心照料，会让孩子树立起强大的自信心与安全感。这也是亲子关系一个特殊的地方，在孩子成长早期，我们称之为"窗口期"，母亲对孩子的意义，是任何人都无法替代的。同时也可以说，母亲的存在、母亲的意义，是所有人都不可或缺的。这种亲密的亲子关系奠定了孩子生命最核心的基础。

可以这么说，对孩子教育之前，其实有几个工作特别重要，比如说教育包含着孕育、哺育、陪育，这样核心的工作是母亲与家庭最大的一种责任。母亲与孩子的关系是一种特别特殊的关系——母爱是一种特殊的爱，它既亲密又深远，同时也是最为深刻的一种爱，所有人离开它都不行。

当我们的教育有某种危机并让人产生焦虑的时候，其实也跟家庭健康形态的亲子关系有关。人的焦虑其实它有根，根就长在童年。我刚才说的"窗口期"还包含着人的这种安全感、信赖感、亲密感的建立，是跟生命早期（尤其是 13 岁之前）的生命发展密切相关的。也就是过了这个"窗口期"，某些情感、亲密性、安全感的建立，就有很大的困难。

早期的亲子关系，既是一种自然性，也是一种生长性的关系。但是过了 13 岁之后，要重建这种亲密关系、信赖关系，往往可以称之为"治疗"了，它不是教育，不是自然生长，而是身心的一种治疗。也就是说，你没有得到的东西，后来如果再想得到，就要进行整个心灵的疗治，这样的工作对很多人而言，会持续一生。

我做一个归纳：我们对教育的发展、对人的发展有深度焦虑，这既是一个社会问题，又是一个家庭问题。焦虑之中也深藏着我们生命的秘密，它跟我们成长早期没有获得应有的安全感，始终生活在某种情感的饥渴之中，生活在缺乏由亲密性所产生的强大的身心保障系统是有很大关系的。所有的焦虑，都是一种复杂的包裹。

2018 年 1 月 15 日晚上

终于有个文件关心学生睡眠问题了

教育部发布了一个前所未有的文件，是关于学生的睡眠问题的，并做了一些明确的规定，规定的重点是：小学生要睡足 10 个小时，初中生要睡足 9 个小时，高中生要睡足 8 个小时。这个文件我在我的朋友圈里转了一下，没有做任何评论，但还是有一些朋友给我留言，向我表示祝贺。

这就比较好玩了，教育部发文件，朋友们为什么要向我表示祝贺呢？原因很简单，这十几年来我一直在呼吁，要重视青少年的睡眠问题，睡眠问题事关学生的身心健康，事关学生的人生幸福，当然也关系到学生的学业成长。

实际上，我们的孩子可能是世界上睡得最少的。以前像韩国、日本，都有人说这些地方是世界上中小学学生睡眠最少的，但是要跟我们比，那简直就是小巫见大巫了。

当然，这个文件出来以后也有很多相关的评论，有的是正面的肯定，总算出台了一个前所未有的文件，有文件总比没文件好，文件总有一些依据，这是积极的一种思考。还有一种思考就是，"这有什么用呢，不就是发一个文件吗？各种各样的文件多了去了，最后应试教育还不是搞得越来越厉害了吗？今年限制学生作业，又是查校外补课机构，现在轮到保障睡眠了，这不过是搞一下形式而已。"其实，你也可以看出教育部发文的一个倾向，确实关注到了孩子的健康，这才是最大的福祉。

现在，教育行政部门发文会引来异议，异议的原因是很多文件对遏制某些大家深恶痛绝的事情，起到的作用都特别小，为什么失去公信力？希望引起反思。我作为一个民间学者、草根学者，就不妄加评论了。

我对很多问题都会有一个这样的转化，转化成什么呢？道理很简单，不管教育部发不发这个文，对家庭来说，有时候我们思考的重点可能仍然要放在孩子的身心健康上。家庭首先像疯了一样给孩子补课，把孩子的时间排得满满的，这个时候孩子有基本的休闲和休息的保障吗？

昨天，我去一个学校听课的时候，一位一年级老师告诉我，他们班上的小朋友周末补7门课，说实话，我都不知道这些课是怎么排的。这个老师说："你能想得到的，他补了；很多你想不到的，他也在补。"家长疯了，你真的没办法，其实，所谓的起跑线就真的这样"输掉"了。

这样的孩子以后你能想象他对学习还会有热情吗？更重要的是有身体的热情吗？有对新事物的好奇心吗？他早就在这样无休止的补课状态里，把生命那么一点最正常的情感都给消耗掉了。

面对这样的父母，你要怎么说、怎么办才好呢？这也是昨天这个班主任问我的，我说"当然没办法了"，说得消极一点，那真的是一点办法都没有了。孩子的成长首先是家庭的选择，这是我经常讲的一个观点，不同的家庭培养不同的孩子，既然父母要疯狂，孩子就一定会毁灭。但是有很多人会说，"你看人家某某某的孩子，从小学这个学那个，最后非常优秀"。你真的不要跟我说这种极端的例子，像前阵子广东一个学霸的爸爸，他所有的时间与精力都扑在孩子身上，孩子考到了美国一所名牌大学，但是学习还不到一年，这个孩子却结束了自己的生命，这也是一个极端的例子。你不要跟我说成功的极端例子，你想一想这种失败的极端例子好不好？这是我很自然的一个反应。

如果你没有对人的最基本的思考，你受朋友圈各种各样负面事情的影响，你自己本身最终都会成为负面影响的一个源头。你看到孩子学了这个，也学了那个，但是你没有发现孩子学着学着天真没有了，学着学着好奇心没有了，学着学着正常的睡眠没有了，学着学着孩子变狂躁了，孩子失态了，孩子方方面面的问题都出来了，这个时候你又觉得这是孩子自己的问题，你都不去追溯一下这个问题是从哪里开始的。

回到教育部发布的这个"睡眠令"，从积极的思考来说，更多的官员、更多的教育检查机构总算注意到了学生的睡眠问题，这也算是一种改进、一种反思、一种重视。你先不要去否定它，你先把这件事情看成是积极的事情，哪怕它只是发一个这样的文，其实也还是好事，不要一看到文件，首先就有很强烈的反对心理。

这是对体制的教育系统而言，另外一个体制是在家庭。家庭没有人给你发文，但父母你不要自己随便发文，你认为你的孩子睡 6 个小时就够了，最好是不要睡，是吧？那麻烦大了，最后谁也救不了你。

2021 年 4 月 3 日

所有积极的力量都来自人性的光辉

这一阵子大家都知道，我们做了第 7 届"教育行走——教师公益研修"这样的一个夏令营，这一届夏令营跟往年有很大的不同，首先当然跟去年一样的是在线上进行，是开放的，大家"想"听都可以听。但今年又有所不同，有一定的封闭性，也就是说你只有报名了，公益研修对你才是敞开的；如果不报名的话，你就不能进入听课的界面。

最后，有 1000 名左右的教师实名制报名了，具体的学校、省份都要填写，还交了自己的教育随笔。我们分成 11 个群，群分完以后，有很多老师作为志愿者参与了群的管理工作，有的当群的管理员，有的当群的学习委员，有的当群的活动委员，就这样我们开始了"教育行走"的预热活动。

前面三天的活动主要是原来参加过"教育行走"的这些老师，分享这些年来受到"教育行走"的一些影响，重点的是介绍自己的一些教育经验。三天的课听完之后，我们接着做了一个娱乐式的学习活动，以满足老师们强烈的要跟别人交流分享这样的愿望，这又做了三天，这三天重点是谈论听课有哪些收获，哪些老师的教育思想、教育业绩、教育独特的探索感动到我了，这是一块。第二块就是听完课以后对自己的教育所做的一种反思，它深化了自己对所学内容的理解力，这个很重要。

这三天也是一个群，每天都有人交流，我们统计下来应该有 200 多位老师在这个群里各做了 15 分钟以上的分享。我这些天除了忙那三天的"教育行走"讲座、自己讲课做评点外，这些事情全程关注，前面三天和后面三天，我一直都在听全国各地这些老师的分享。

说实在的，听了之后我是相当感动的，很多老师素昧平生，很多老师分享的是今年才参加"教育行走"，尤其是很多老师在乡村，在乡村小学、乡村中学，面对着中国教育最真实、最基础，也是最困难的这个工作，他们所做的事令人很感动，与我去年所提出的一种表述很吻合，确实可以这么称他们为"中国脊梁式"的普通教师。这些教师坚守在自己的教育岗位上，像于洁老师所说的那样，竭尽所能，直到无能为力。

教育这个工作，跟别的工作不太一样，它是生命对生命的一种引领，生命对生命的一种影响，生命对生命的一种关爱。有时候你会面对着大量的留守儿童，面对着乡村教育各种各样的不足，面对着这些琐碎的教育工作，面对着孩子成长中非常具体的各种困难，所以强烈的职业认同感，对教师这个工作的热爱，对孩子生命的慈悲，这一切就变得非常重要了。

大家都知道，很多乡村老师收入并不高，在当地的经济、社会地位不高，在自己家庭里既要当孩子的父母，又要当自己父母的孩子。也就是说，这些青年教师、中年教师个人的家庭负担，承担孩子成长的责任都是很重的。有时候你的时间从哪里来？你的精力是怎么调整的？你遇到各种各样的挫折，各种各样的失败，你怎么改善调整自己的这种心理状况？这些问题始终困扰着我们。

就"教育行走"来说，为什么大家认同它？这是因为我们始终是以建设性的态度对待中国的教育问题的，是从自我变革开始去思考教育的改善的，是从能够改变的地方开始，去做中国教育添砖加瓦的这种工作的。这种使命感、责任感，这种敬业精神，某种意义上也可以说是超越时代的，或者说可以理解成是超越职业界限的，是超越了那一份得到的酬劳的。

所以我一边听，一边感慨，我真的很愿意跟全国各地的这些老师做朋友，做真朋友，能够尽自己那一份微薄的力量去影响，或者说去推动他们。也就是说，做一些小事情，对一小部分人有一些小的帮助，然后促使他们能够成为有一点小影响力这样的一个小人物。

其实，做这样的小人物，就是你自己认定的，你每年都在做，你每天都在做，你时时刻刻都想要继续这样做，这就是一种建设的信任力量。这样的力量总是来自我们的信仰，总是来自我们自己赋予自己的使命感，总是来自人性的一种光辉。

2021 年 8 月 30 日

人性的"暗粒"

元旦的时候，我们一家请我父母，以及我妹妹一家、弟弟一家吃饭。吃完饭，到我家喝茶。我跟我爸说，希望他 2018 年开始就不要再骑自行车了。

其实在这之前，我已经跟他说过好几次了，但是我知道，说的效果不是很好。我爸爸可以用那句"阳奉阴违"来形容他，表面上他很配合，在我提出这个建议的时候表现得很合作："好吧，我不骑了，我知道了。"他会用"我知道了"把话堵住。我毕竟是他儿子嘛，我真的知道他的"伎俩"、他的"阴谋"。

所以今年元旦，我又比较严肃地跟他谈了这件事情，毕竟已经82 岁了，虽然身体还挺健朗，但是人的整个反应能力，包括身体的灵敏度，这都是会下降的。更重要的还是村里的路况比较复杂，到处坑坑洼洼，各种车辆都有，有时我父亲骑车外出很晚回来的话，我妈妈就不放心。但老爷子不把我老妈的不放心放在眼里，说难听一点，也真拿他没办法。

因此，这次我比较严肃地跟他再谈这个事，据说他第二天就走路了，我还是觉得不容易。但果然过了几天，他又骑自行车了。这回是我妹妹很生气，严厉地批评了他，老爷子也很生气。可以想象，谈话谈得很不愉快。我父亲的说法是，要是不骑自行车的话，腿是会"硬"的。腿硬是因为没有骑自行车，那不能走路吗？

不知道什么原因，他总觉得（那天他也这么说），要是不骑自行车，在别人眼里，就是他不行了。在乡下，说实在的我父亲还是要为别人而活着。他的很多想法，既有自己的考虑，也经常有别人从中起的某种作用。他想象的别人，也是真实的别人。所以居住在乡村这样的熟人村落里，我父亲不受别人的影响是不大容易的事。

当然，我也会比较深地去想，实际上人性里都有这种"暗粒"，有时人性不是按照更好的逻辑去安排人生的。有很多事情，你明明知道是不能做的，但是你忍不住就去做了，好像有另外一只手在支使着你，这不仅是所谓的他人在起作用，其实是你内在的那个"暗粒"在起作用。有时这些事情的危害性，你是看得到的，但也有时候是看不到的，或者你会抱着侥幸心理。我们每个人何尝不是如此呢？有些事情我们是真的不知道，有些事情我们是真的知道。

说到"克制"这个词，克制是非常难的，它确实是一种美德，极其高尚的美德。也许这个世界变坏的动力，恰恰在于难以做到克制，难以符合某种更合理的逻辑。人的贪婪是不克制，人的冲动也是不克制，人的任性也是因为不克制，人的很多毛病，也是因为不克制所导致的，那不克制的源头在哪里呢？不克制的源头在于人性。

人性，确实有各种各样的"暗粒"。"暗粒"，好像是上帝安排着跟我们作对的，所以我们要皈依于上帝，或者皈依于信仰，它总是会引导我们变得更为克制。面对各种欲望，要扎紧篱笆墙。哎呀，这真是非常好玩的事情。

有时，你可能对别人有各种各样的建议，你也觉得能够指导别人做某些事情，你觉得你的智慧与能力有高出他人的地方，但就人性而言，要说"高出"就太难了。我也经常引用康德的那句话"人性是一根曲木"，真是如此。

这么说，它并不是指你看到了一根曲木，有时看到的不一定是曲木，看到的可能是直的，或者是比较直的，但就内在性而言，它是一根曲木，它有各种各样的麻烦，它会不断地折腾自己。它有时会使你败得一塌糊涂，所以人类会陷入懊恼，陷入沮丧，陷入各种挣扎之中。最终，按照某种高级逻辑而言，人类是没办法自救的，他必须找到一个信仰。

找到信仰，就能约束自己，就能使自己为更高的意义、更高的目标而活。所以当我们思考各种各样复杂问题的时候，总是会不断地指向自己的内心，让自己内心会有所私了，有个词叫"自啮"。

这么说，我就把话题荡开去了。人生各种丰富与多样，既是我们对世界的一种想象所导致，难道不同样是我们对各种欲望不加限制所导致的吗？这说来挺好玩吧？

2018 年 1 月 16 日上午

张文质老师在讲座现场

生命，要随时面对
不可能

父辈们的"生活形态"

妹妹说，父亲又请师傅来在家里后院那间杂货间修了一个柴火灶，主要想用柴火灶做"锅边糊"。"锅边糊"是福州比较好吃的美食，要用很传统的工艺很耐心的做法才能做成。用柴火灶烧出来，那就更有味道。当然，我最核心的不是关心"锅边糊"，其实每个人大脑里都有好多根弦，它有时会自己被拨动，会想着折腾出一些自己喜欢的事情来。

前几天，我到汕头市潮阳区做了一场公益讲课，应该说，这次公益讲课称得上不虚此行。为什么？首先，潮阳是我以前坐高铁经过，但从未到过的地方。潮汕地区又是宗族势力最为强固之地，传统的多子多福、重男轻女、因循传统、注重宗法等观念，在这里仍然大行其道，仍然是他们生活的一种主要形态。

我说不虚此行，就是讲完课吃晚饭的时候，有位校长说到他的一个朋友，前后生了 11 个女儿，这真是让我太吃惊了。最大的女儿现在已经出嫁，最小的才 5 岁。生了一个又一个，最猛的一年——年头生了一个女儿，年尾又生了一对双胞胎女儿。大概这位老兄是命中注定生不了儿子的，所以生到 11 个女儿时，彻底地泄气了。说实在的，确实也是生不动了。

你看，在实行计划生育的年代，潮阳居然有人"目中无法"地连生了 11 个孩子。他们说潮汕这一代家庭生孩子的标配是 4 个，包括很多公职人员都偷偷摸摸生，然后把多出来的孩子寄养在亲戚朋友家里。正是因为他们有很强大的宗法势力，所以政策声音很难穿过他们精神的高墙。一些地域独特的"文化"倚仗宗法势力形成了无法被攻克的壁垒。

当然，地理位置也比较重要，这已经是边陲之地，某种意义上也算是天涯海角，文天祥、韩愈也都到过这里，所以它有一种内在的精气神。但我就在想，人性有时确实是很顽固的，也很坚忍。人类的存在，是因为人性与文化合力的结果。我说到这一点，我要把这个问题往回转，转到我父亲那里去。我想说的是，我和父亲的关系那是远远比不上潮汕这里的亲子关系。

说实在的，我父亲从我工作之后就不大干预我的生活。虽然他有时也会提出一些建议，但基本上都不被采纳。我很少去了解，他有一些想法我不认同之后他心里有什么感觉。

要说不孝，这大概就是我的不孝，我是很少去想到它是不是"誓约"，但另一方面，我又一直在干预与影响着他的生活（好像是倒过来的），这就是一种后喻文化——他是向儿子学习的，他儿子也在影响着他。有时也会产生一些冲突，这个冲突要看情形，有些情形是我知难而退，有些情形是他虽然不接受，但停止发言，退避三舍。家里虽然我跟我父亲不是那么亲近，但是家庭关系还是比较和谐的。

所谓和谐，其实它也包含着某种分寸感，彼此都有分寸感，一是友善，一是诚恳，确实是基于亲子之爱，而后就像我前面说到的"克制"，就是不过于放任自己的情绪。亲子之间，有时你认为是对的，不见得就能让你的父辈接纳。此外，我还有一种特别自觉的东西，包括家务事，院子及围墙之内，属于我父亲的传统势力之内，我会特别注意，不会轻易去干预他的日常生活与一些特别的爱好，心里有时虽有隐隐的不满，比如我想在院子里种两棵自己喜欢的树，这样的愿望达成也不太容易。说实在的，没有达成也就罢了，就是不要过于有执念。

从另外一个角度来说，我父亲所谓的势力范围背后，它不仅跟权力的意识有关，还跟精神方面的安全有关，也就是作为一个老实人，他想掌控这个局面，这种掌控力会让他产生某种安全感，某种比较可靠、真实的，不被破坏、不被影响的那种生活形态。有时，我们看上去是权力之争（其实亲子之间也有权力之争），可能会有对与错、好与不好的判断，但往往忽视了人安全感的建立。

你看动物也是这样，比如有些动物就有自己的势力范围，别人侵入它的势力范围，它就会有恐慌之感。哪怕侵入的势力范围没有影响到它的生活，也会让它寝食难安，这就跟它天然的本性有关。而人身上的这种天然的本性，有时会不会被我们忽视呢？我们更多的会做对错、善恶、美丑等等的判断，但往往忽视了人精神的自足与宁静，其实这份自足与宁静，才会带给人更多的安慰。

2018 年 1 月 16 日上午，长沙

穿行在隧道中的人

其实我也一直是在隧道中穿行的人。

隧道本身可以看成是一个真实的隐喻，黑暗、逼仄、潮湿，充满了各种复杂的境况。但更重要的还在于，你一直望不到头。有时我能体会到内心的某种绝望。这样的绝望，确实会影响到日常的所思所想，以及作为。它也会产生一种转化，这种转化从消极的意义上说，会使你朝着庸人的方向去生活，去回避，去自娱自乐；从积极的意义上说，你会丧失更多的锐气，以及对自己生命意义的一种肯定。

就教育而言，比尔·盖茨的说法比较有意思，他认为一个社会既需要有创新者，也需要有让创新的思想为更多人所接受的理念倡导者。也就是说，从根本意义而言，接续教育的慧命是每个时代思想担当者最核心的一种责任。生命存在的意义，不单是在变革中能够看到希望，其实也是在变革的绝望中能够坚守希望，这是更大的一种勇气。在无望中不断地去挣脱、去看见，不断地把自己所有的气力用在接续这样的教育慧命的想象之中，这才是一个思想担当者的首要使命。

我也明白，思想本身就是一个非常复杂，甚至有点诡异的事物，它会在各种交错、波动、循环反复的状态里折磨着你。这仍然是一种不成熟的标志吧，不成熟既意味着仍然有生长的空间，也意味着缺乏一种坚定。这种坚定，其实是排除了利益、排除了现实的依据，排除了仅仅简单的对可能性的回应的要素。所有的坚定都是面向未来的，所有的坚定都是一种使命。这类思考，本身会让我产生很大的困惑与不安。

在今天这样一个时代，一些在意愿上想有所担当的人，一方面要努力去回应一些现实的问题，但又不能希求通过你的努力，通过你这一代人的用心，社会能有一些你所期待解决的问题就能得以解决。这样的乐观，本身也许是不切实际的，甚至包含着某种会变得轻薄的愚蠢。所谓的延续慧命，其实它就是一种火种的传递，就是一种对人性的信赖。这样的信赖，更多的时候仍然会表现为——知其不可为而为之，以及这种决绝本身的价值。

真正的思考，它往往不隶属于某个团体，更不应该掺杂任何的利益。它应该是它自己，也就是——只有对自己本身的信任，从自己身上去援引不竭的泉水，它才是最能有所坚持的。这样一个时代，可能更需要有一些人，有一些孤独者，有一些冒着傻气做小事的人——既需要他们是对宏观问题有深入的思索，具有大拒绝、大判断的人，又需要他们是真实的存在者。"经我传承"，既是一种思想的传承，也是生命自身的一种传承。在这样的生命之上，让人看到作为生命化了的一个真实的存在。

我经常也徘徊在各种各样的矛盾之中，有时确实知道难以解决这些矛盾，或者说无力从矛盾中摆脱出来，也就把矛盾、尴尬、羞涩变成了一种生命的形态，在这样一种不断来回的思绪里过着教育者的每一天。

2018 年 2 月 23 日

朋友越多，听到的生命故事就会更加神奇

大家都说人过了 40 岁以后，认识结交新的朋友就变得很困难。当然这么说也许也对，但这一类的说法当然来自个人的经验，是个人的各种因素所影响的结果。其实我这些年认识的朋友要比以前多多了，到各地去讲课，或者是参加各种各样的活动，也都认识了很多非常好的朋友。

以前我们经常说多一个朋友多一条路，其实多一个朋友在我看来更重要的就是会增加很多见识、很多对生命的理解力。当然也会从很多朋友身上，比如说他的经历里面、他的独特的遭遇里面感到生命很神奇。所以有这样一个说法：一个人与另外一个人交往的深度跟彼此拿出个人生命的经验、个人故事分享的程度有关系的。

也就是说，你交往越深的朋友，你知道他的生命的故事就越多，甚至他也愿意把自己不为人知的那些（我们可以称之为隐私的）跟你分享。你与一个朋友交往了十几二十年，对他的家庭的状况，对他的

经历，对他的趣味各方面都不了解，这样的朋友肯定就是假朋友了，是靠不住的。

我之前曾经讲过，我一个交情很深的朋友，有一次我是在另外一个朋友那里听说我这个朋友家里还有一个双胞胎的兄弟。我当时非常意外，为什么很意外？因为一个人如果有双胞胎兄弟姐妹，他跟朋友交往的时候，都会很快就告诉你这件事的，因为双胞胎、三胞胎、四胞胎，都是一件极其独特而又神奇的事情。

所以只要跟人交往，就一定会告诉朋友自己生命的这样的一种独特性。我后来就一直在想，我这个朋友为什么跟我思想层面、生活层面交往这么深，却不告诉我这件事情。我也比较好奇，后来特地又去问他，然后他也是说得含含糊糊的，这里就涉及另外一个生命的真相，我们就不展开探讨了。

前几天我认识了一个湛江的朋友，原来是学医的，先是在南京工作，后来又到西藏部队去做医生。那个时候他觉得要是只生一个孩子的话，在自己的村里，在自己的家族都抬不起头来，他觉得应该多生几个孩子，也就是说为了多生几个孩子，他就辞去公职，回湛江自己做生意了。

这很有意思，他为了多生孩子，辞去了在别人看来很不错的工作，回家结婚生孩子。后来，他生了三个孩子，两个男孩一个女孩。他跟我们说起这个故事，说到他回家还有一个很大的收获，就是说他的爷爷生病，他请教了全国各地的原来学医的比较厉害的朋友，以及他们所在医院的厉害的医生。所以爷爷从 80 多岁开始身体不好吃的药，都是他综合了别人的药方开出来的。

还有他特别敬佩他的爸爸。他爸爸身体也不好，那个时候都瘦到只剩下 80 来斤了，一边在医院里住院，一边还照顾他的爷爷，不仅把爷爷照顾好了，更神奇的是爸爸自己的病也得到控制了。

现在，他爷爷已经有 109 岁了，身体还非常硬朗。他说他结交了很多朋友，他的朋友知道他家里有这么一个 109 岁的爷爷，经常会申请到他家里来看看老爷爷，然后再在他家吃一餐饭，就是要沾沾这一份福气。我也跟他说，我下一次来的时候，要安排一个比较充裕的时间，也去见见你的爷爷，然后在你老家吃一餐饭。这是一个很神奇的事情。

我的亲戚里，我太太的奶奶也是活到 100 多岁的。这位活到 100 多岁的老太太也很神奇，她曾经粉碎性骨折，在床上躺了几年，后来居然不治而愈，又能站起来走路了。生活在农村的环境里虽然不是能被照顾得那么周到，但老太太身体还是很硬朗，生命力也非常顽强，活过了百岁。

一个人长寿，其实这本身就是一件很神奇的事情，它也是一种幸福的象征，健康、长寿、快乐、幸福，这都是最美好不过的事。

2022 年 3 月 8 日

晚年来得比较早，会非常漫长

今天是正月初一，中国人传统的佳节——春节。我还是坐在自己的院子里，今天闽侯的气温是 10 度到 24 度，这会儿应该有 20 多度，挺热的。我家这个地方，大家放鞭炮的热情不是很高，所以还是显得比较安静。安静的时候，各种鸟叫的声音就会比较清晰地听到。

今天，我给我的老师发了新春祝福短信，我的老师也给我回复了一条短信（我特别要说一下）：他希望我在新的一年里有更大的成就吧。按一般的理解，一方面觉得我取得了一点点成就，所以希望我有更大的成就。一方面在这个祝愿里，其实也包含着某种督促、某种勉励，也可以理解为一种鞭策。如是鞭策，毕竟所取得的所谓的成就还是非常有限的，应该有更开阔的视野，更明确的奋斗目标，也应该有更大的作为。

昨天晚上我也在想（特别想记录的一个思考）：我怎么看自己的成就？或者说，我是否真的比较细致地去想过自己所取得的成就？刚才有一位南京的朋友跟我通电话，电话里我就说到当我在跟别人合作做一些事情、进行一些研究，包括对话、交往等时，我是一向没设什么边界的，不是那么清楚一定要跟什么样的人交往。比如说精神、志趣，包括生活方式，以及审美意味多方面的高度契合，那是何其困难的一件事。

但有时我会想，我们做事就依据做事的原则，如他是适合做事的我们就一起做，有时是依据我们某一个话题（对话）的原则，我们在一起进行讨论。它有一定的任务性，有一定的场境性，也有一定的时间性，这首先是基于一种项目的合作，我更多地会想到如何更好地去完成这项工作。或者是，在这样一个交谈的过程里有所获得吧。

但我经常也会这样想，我确实不太愿意去苛求别人，现在慢慢地也不再苛求自己。在这个时代，真正很厉害的人能够为教育做什么事呢？这真是不可预期的，因为一方面有聪明才智的人在这个时代本身就不够，另一方面他所受的限制又特别多。

所以我就换种思维思考，我们就努力做一些好玩的事情吧，不会更多地去想把事情做得更为深邃而宏阔。我可能会有一种文人的趣味吧，追求好玩，追求事情本身的愉悦感，追求事情本身所带来的自我陶养。

我昨天晚上想的还有另外一个问题，我更多地会想到，某种意义上，我会把自己看成是一个失败者。失败者，这本身不是一种哀怨、不满、怀才不遇，或者是心有高的期许，但是找不到更好的发展形势与获得的结果的生命描述。我更多想的是——我就是一个失败者，我是把失败者作为一个出发点的，不是说我只愿做一个失败者，而是某种意义上的做个失败者是自得其所的，是自洽的，也是自如的。

有时所谓的取得的成就，你怎么去看它，如果用失败者的心怀去思考自我的话，会平淡自如，会恬适很多。也可以这么说，如果我们不是追求变革这个世界，而是去理解这个世界；如果我们思考更多的不是有更多的创造，而是能够在这世上活得简洁一点，活得不那么拖泥带水，不那么浑浊，也可以说失败者是我们的某种精神的界限——更多地去寻取不是别人所认为的成功的那条道路、成功的领域，或者是为了成功所必然采取的那种方式。

你会退避，也会畏缩，往好里说是敝帚自珍；消极说，是退到自己的小园地、小生活、小领域，最后是小洞穴。哪怕是读书，可能是计划性越来越不强，目的性也不太清晰了，随读随忘，随忘又随读，是一种非学者的生活状态。

大概我今后介绍自己的时候，也应该给自己一个更好的评估，不能叫"教育学者"。虽然有一些我喜爱的领域，我一直坚持着缓慢地、微小地有所领悟，也有所发现，虽然我也会跟别人说，要用一种研究者的方式去思考问题，去表达自己的意见，但我确实又会把这个要求放到一种生活的状态，如思考、阅读、写作、交流、分享等中，它都是一种生活者的状态。

慢慢地，你会想到自己是一个失败者，但是不会跟别人说"我是一个失败者"，因为当你跟别人说的时候，你就自己贴了一个标签，一贴这个标签，有时会引起他人的怜悯与同情，也会让人产生困惑与不解。说难听一点，就有点"作"，有点矫情了。我想，我不希望自己是这个样子。

可能从心智的发展来说，我提早使用了很多的晚词，思考也是晚思。从人生的基本姿态来说，是一种晚境。这个"晚"，不完全是属于年龄的，也不完全是属于身体的，它更重要的是一种精神性的东西。前两天，我突然意识到这一点——晚年来得比较早，晚年是会非常漫长的。

2018 年 2 月 16 日

对生命的重新抉择

东欧的一位思想家曾经谈到一种残酷的选择：要么选择失明，要么选择终生牢狱，你必须在两者间二选一。其实对任何人而言，这两项都是令人害怕的。那么，你能够不选择吗？

事实上，我们可以把这两项看成是一个可怕的、属于命运的惩罚，它们都跟身体的禁锢状态有很大关系。你可以去想一下，要么在失去自由的地方，你可以看得见；要么在貌似有自由的地方，你再也看不见。当然，这位思想家提出这样的选项，有一种隐喻的意味。这样的选择，意味着失去某种自由，失去某种欢乐的生活，失去独立自主的活动空间。它所要隐喻的是——在我们具体的现实世界里，我们总是在不断地丧失。这种丧失到最后，也就意味着——我们会失去行动的自由，会失去光明，会失去肉体的愉悦感。

从某种程度讲，我们都希望自己不再选择，也就是忽视、沉默、服从。当你不再选择的时候，你已经选择了你的生活，可能有时会觉得你可以不必选择。当你不再选择的时候，你就不需为更多的选择付出各种挣扎以及内心的折腾，也可能会觉得，在这样的顺从里获得了更多的轻松。但是这样一种虚幻的生活，其实并不是完全真实存在，逃避本身也是一种自由，我们可能都会渴望获得一种消极的自由。

你可能是一个躲闪者，你更多会看到在这样一个世界里，你能够得到的一切，而不是去争取你没有得到的、你渴望得到的，以及你内心有强烈的期许的。对大多数人而言，其实在生活中他并不需要，也很少去涉及各种价值选择，尤其不会为自己的价值选择去做出牺牲，去幻想，去使自己进入困难的一种境地。有时我们会更多地相信这世界的运转也有某种内在的命数，我们所想到的不是我们参与到一种真正的变革里去，而是会想更具体的——我能不能活得更安全一点，我能不能活得更富足一点，我能不能活得更有幸福感。也可以说，选择本身是对自我生命的一种重新抉择，它也可能意味着对现实更多的冒犯。

其实，当我在做这样的思考时，有一种比较强烈的意识：今天思考教育、思考社会，一方面是会感到很困惑，另一方面是无所适从。就是你说不出更多的所以然来，你不是一个开药方的人，你也不是一个揭示某种症结的人，你是一个生活者。我经常被生命的短暂性、脆弱性，以及自我怜悯的情绪所左右。我也会想：我到底想要做的是什么？经常在这种情绪里，确实会使得我陷于低落，使我仅仅成为一个生命的消费者，而不是一个同时还有建构能力的人。

也可能我已经说太多了，这种絮絮叨叨，反而会给我带来一些不安感。

2018 年 2 月 24 日

使消极变得更有意义的方式

我最近陷入了比较深的精神困扰。当然，它跟整体的某种气氛是有关系的。这样的一种不言自明的气息，每一个人都是呼吸者，冷暖自知。我可能被缠绕得比较深。

实际上，对一些问题我一直是有先见之明的，因为它们所显现出来的是逻辑系统，而不是具体的情节。具体的情节，有时可能有出入、有反复、有矛盾，会无法判明真相，但是逻辑系统摆在那里，这是一个更具体的现实。当我被这样的一种困扰所纠缠的时候，有时会不知所措，会被一个"大的拒绝"所笼罩，会使我丧失某种行动力——我可能会成为一个所谓"置身其外"的受害者。当然，这种受害主要是精神上的一种内在创伤，这种创伤是难以医治的。

置身其外，也就是人的很多判断会跟自己的利益相关。所谓利益，有时看上去并没有关联，但确实又关联着，只不过是聪明地选择了默不作声，成为沉默的一群人，这是一种怯懦（其实内心非常清楚）。有一种勇敢是"知不可为而为之"，敢于放浪，敢于铤而走险，敢于为不可能而表现出一种令人惊奇的挣脱精神。但是更多的人（所谓的沉默者），意味着一种生存的智慧，这种生存智慧说起来是可笑的。所以我所困扰的问题常常是很简单的——在一个时代用什么样的勇气继续活着，或者还能有什么样的勇气，或者以什么样的一种精神自觉来应对继续恶化的、不可控的环境。

今天我坐在院子里，其实院子也是一个思考的场所，我想了一个有意思的话题。这个话题是关于趣味的，就是——也许还能够做一个有趣的人。以前也谈到过一种看戏的心理，看戏的人不是一个有趣的人，但既能参与到其中去又能活出生活的另一种趣味，这本身是一个比较有趣又有活力的话题。消极点说，有一些困局是属于时间性的东西，对于个人而言，需要有足够的生命长度，你才能看得更为真切，你才能引起某一些对你而言来之不易的慰藉。但对一个事局而言，它也会有自己的运命。这样的运命何时到来呢？它是时间的问题，历史转化成了一个时间的长度。

所谓的趣味，仍然需要活出一种生趣来，仍然需要更积极地投身于生活的变革之中，仍然需要有勇气选择做再小的事情，坚持以一种巨大的耐心把小事情做得趣味盎然、生机勃勃，同时又能启人心魄。某种意义上说，这是值得期许的。春节期间我接触了不少朋友，一个朋友说了他学校发生的事情。那是一所乡村学校，他的校长早就"缴械"，向生活投降，再也没有变革学校、改善学校甚至管理学校的热情，长时间把学校托付给了他的副手，久而久之，这个副手就像校长一样存在了。

于是，相关教育部门在校长提出退出校长岗位之时，就找副校长多次谈话。因为副校长一切都符合选拔的要求，相关教育部门最后就想按程序做一次民主测评，但测评结果让人大跌眼镜，这位副校长没有通过测评。

后来老师们也在议论这件事情，大家为什么不愿意投给这位有实干精神的校长呢？他们觉得这是一所乡村学校，不需要太多的折腾，维持原校长在时默默的、温吞水的方式，也不至于败坏到更惨的状态，这是大家的一种共识。他们怕这位年轻的校长上任后，会攫取更多的荣誉来折腾学校，所以大家都不约而同地选择了一种比较负面的评价。

这件事情本身也许也是有趣的，表明了某一种评价与选择，你也可以说是比较消极的，有时消极也是有趣的。大家还有一个体会，原以为投票都是没有意义的，没想到这次投票居然有意义，它反而给了老师们另外一个启发——需要这样投票的时候，大家还是要参与其中的。也可以说，民主意愿总有一种推动的力量，哪怕有时也极为微弱，它也显现出了其应有的价值。

我说这件事情，其实不涉及对一个大的系统评价（大的系统无须评价），我只是想说，在消极的应对之中，如何使消极变得更有意义，如何使消极产生跟心意相符的这种结果，这本身值得人去思索。也许，从大的格局变化而言，你不会很快等到它的这种生机，但作为一个生命个体，仍然可以有生机、有行动、有趣味，仍然能够成为一个积极的生活者。

2018 年 3 月 3 日

我一直没有摆脱与恐惧同行

经常有人在微信上提醒我，"要注意保护自己"，还有一些朋友曾经当面跟我说，"你微信朋友圈发的一些东西，我都不敢点赞"。当然，还有一些朋友会善意地提醒：老大哥在看啊。

说实在的，你不要怀疑我什么都不害怕，其实我已经怕很久了，而且我一直没有摆脱过恐惧。我怕微信，我怕群聊，我怕自己说的话，我怕自己写下的文字，我怕自己又忍不住转一些不受待见的文章，我怕自己会凑热闹，我怕一些神秘的电话，我害怕电话有人也在听，我怕社论，我怕电视，我怕会议报道，我怕统一的着装，我怕各种威严的服装，我怕高亢的声音，我怕有人做报告之前左右鞠躬，我也怕肥胖的脸，我怕浑浊的声音，我怕审查制度，我怕开会的通知，我怕年终述职，我怕点名制度，我怕刷脸，我怕按手印，我怕各种安检，我怕脸要对着摄像头，我怕酒店的登记，我怕身份证丢失，我怕误了航班，我怕坐不上高铁，我怕堵车，我怕空气不好，我怕穿着上的失误，我怕各种文字检察官，我还怕在我编刊物的时候有人说要把我文章的每一个字都仔细捋一遍……

我无论走到哪里，无论想到什么事情，最难忘的可能就是恐惧吧，所以我也很享受这种担惊受怕的感觉。我只不过有时有点调皮，装着有点不害怕的样子。我继续说自己想说的，同时又保持克制。

我也害怕变化，害怕各种好玩的投票。投票真是一件非常妙不可言的事情，投票是一种仪式，是一种娱乐，是一种欢庆时刻。是的，普天同庆，举世欢呼。我不害怕长生不老药，我特别希望那些高贵的人，威严的人，有价值的人，担负重大使命的人，长生不老。我不害怕皇帝，我真希望有一个皇帝，那是精选出来的，妙不可言。他一定要孔武有力，他的肩膀能挑重担，他的步履非常豪迈、轻快，虎虎有生气，希望他有好胃口，每餐可以吃好多的食物，比如八个包子。对，我想象不出皇帝吃什么，我也不再比如了。

我很希望你问我，有什么你不害怕。有时就是睡觉，我也会害怕。我经常害怕睡不着觉，我不会害怕做梦，但是我很害怕猝死，也可能我再也无法做梦了，我长睡不醒，我也不知道我还在睡，当然，总会有那样的时刻。有人说，谁都会想象在濒死前的二十分钟会思考什么问题，但几乎没有人告诉过我。

即使有人想象过、有人说过，那也是不靠谱的，因为那只属于一个人的极限的濒死的体验，他无法言说，无法分享，他即使言说，即使分享，也无法代替另外一个人在自己的最后时刻同样面临着的人生巨大的最根本的困惑。也可能，在恐惧中就是一种学习——不是学习战胜恐惧，是学习享受恐惧，接纳恐惧，最后在恐惧之中融合与化解。

其实，你不能想象恐惧仅仅是一种官方的行为，也不能想象恐惧仅仅是人类的行为，恐惧是一种存在，恐惧无所不能，恐惧无孔不入，恐惧无时不在，恐惧妙不可言。也许，恐惧会帮助我们长寿，恐惧会帮助我们学会爱惜，恐惧会使我们心生怜悯，恐惧会使我们感受到人类一体、万物同怀。恐惧，使我们看着某张肥胖的脸，听着吃力地背诵的浑浊的声音，会产生某一种比愉悦更高尚一点的同情之心。我们是流转之物，我们因为恐惧变得更为真实，我们看到外面充满着雾霾的天空，我们鼻子嗅到各种难闻的泥土气息，我们靠近一个人的时候，能够觉察到他正在缓慢地腐烂。

我们忘记了报纸，我们无法忘记各种宣言；我们从不大合唱，但是我们脑袋里仍然回响着各种旋律；我们感觉到自己既妙不可言，又愚蠢之极。我们还没弄清楚自己到底是谁，我们就已经弄清楚各种各样的恐惧到底来自何处。我们不会大声地疾呼"恐惧万岁"，我们会低声地说"早安，恐惧先生"。

2018 年 3 月 15 日

也许，最适宜的是保持沉默

亲爱的朋友，我现在是在飞机上录音。我已经在动车上录过，我也在机场录过，我就想在飞机上试一试，我的思维是不是能够正常展开。当然，"轰隆轰隆"的声音肯定会给你带来很多的困扰，这样的一种干扰，可能对我说话不会有太大的问题，但要整理这一段话，确实是另外一种情形。

我经常觉得这段时间跟以前那段时间会有所不同，实际上，一个人总是会觉得他正在经历着一段新的时间，这一段新的时间是从旧的时间里生出来的，它很快又会成为旧的时间。比如说，我们会想更多的即将到来的某种生活状况，会不会有太多的改变呢？当然，至少我坐在飞机上（这会儿是坐在一个优惠的商务舱里），此刻，我的情绪是比较宁静的，我没有想那么多，也许很多问题早已想过，有的根本的问题想过之后，就不必再去想。可能新的变化会有，但是新的变化也已经在你的思考之中了。

也许，有点意思的是——我们总是在等待着一种新的变化，我们总是在幻想着已经变化的世界会不会最后又变成我们所期待的一种结果。所以在这个漫长的过程里，我们一直抱有一种幻想。我曾经在写作《唇舌的授权》的时候写道：也许，能够把这个世界彻底改变的，只有时间。比如说，某些特别厌恶的人，某些特别反感的气息，也许只有在死亡那里才能把这一切带走。但可能，你也终将成为死亡的一部分吧。我们还可以像鸵鸟一样，把头埋到沙子里去。如果沙子还比较温暖的话，埋在沙子里的时间还可以更长一点。

随着衰老期的到来，随着我自己的精神更加涣散，随着我大概不会有太多的各种复杂的念想，我也就会想到头埋入的那些沙子，感觉还不错。不管怎么说，裸露在外面的，也可能在我把头埋入沙子的时候，我就觉得——那些没有埋进去的，就好像不是我的身体。这样的幻想，有点美妙哦。

我最近正在看赫拉巴尔的最后一本书（被称为"最后一本书"）——《绝对恐惧》，我感觉到有时好像也有一根线不断地穿过我的身体，不断地缠绕着我，不断地使我陷入更为迷茫、更为荒诞、更为撕裂的各种困顿里去，我有时也会把它理解成——这确实也是人类命运的一部分，不仅仅只是为我的命运，也不仅仅只属于我个人的命运吧。这样一种命运的状态也挺好的。我们不必有过多的抱怨，当然，也可以理解抱怨本身也是人类的一种禀性。人类总是要生活在各种各样的抱怨里，抱怨是一种生产力吗？也许吧。

我昨天跟一个刚刚认识的大学教师聊到对现实教育的感想，我说，如果我着眼于一个真正的人的生活，就觉得对学校所有的一切已几乎无话可说，你会觉察到自己所有的言语都是极为可笑的，甚至言语本身也是不太负责任的。因为你能说什么呢？作为教育，它最重要的是要赋予人尊严，是要让人有足够的自由，是让人感受到发展是自己的天性，想象力、对世界的热爱是多么重要。但是，你的目光越过各种琐碎的现象，一直看着看着，看到最根本的地方，你会想：我还能说什么呢？也许，保持沉默状态是最适宜的。

可是，你又说了，你总是在说，你总是不断使自己处于言说的状态。好吧，这是一种工作，这是一种读书人的工作吗？也不是，这是为了某一种具体的教育任务而进行言说的教育工作。好吧，我就先说到这里吧。

2018 年 3 月 17 日

属于你的时刻

亲爱的朋友，你也见到了讲座之外的我，是不是会觉得我现在太好为人师？是不是我现在太像教师一样思考、教师一样说话、教师一样言谈举止呢？真是要完蛋了。

好像有谁把一个烙印深深地打在我的身上，好像我很早之前就开始了"教师的时间"。其实每个人都是有自己的特殊时刻的，这个时刻意味着属于你生命的真正开始，叫作"你的时刻"。当然，生命中其他这样重要的时刻也是有的，有的会被深深地铭记，也有的可能被忘记了，但是这样的时刻却被记录在身体之中。我现在有时会想着摆脱那些已经被定型化的身份感或者行为的方式。当然，说起来容易，做起来难。

我想说的是，我并不想自己被程式化、被模式化、被职业化，或者被脸谱化，其实每一个人都要成为最像自己的那个人。改变不是一件容易的事，改变是极其困难的。当然，你可能也会想，既然这么困难，就不要改变了，就保持着原来的样子。睁开眼睛，就像一个教育研究者一样去思考；睁开眼睛，就像一个观察者那样去观察，无论阅读什么，都会回溯到教育，回溯到人。

当然，在我这里，"教育"和"人"是两个相同的词。我今天在翻阅笔记本的时候还看见了我曾经准备过的一个话题：我是怎么成为一个研究者的。先是发现了问题，然后发现了生命，最后发现了儿童，挺有意思的。这个话题，我还会继续尝试着进行阐述。

当然，我最近的唠唠叨叨跟外在生活某些的变化是有关联的。这种变化并不是我生活的变化，而是生活世界的变化使得我尝试着要说点什么。说点什么，这有助于自己摆脱某一种深陷其中的缠绕与苦恼。昨天晚上我睡觉之前，在微信圈看到一个朋友发的视频，我想有时这样的视频是不能打开的，它是一个学院的院长跳楼的视频，哎呀，真是非常可怕，视频把一个人从楼上跳下来整个的过程都很清晰地记录了下来。

我睡觉前，很害怕这样的景象会进入梦中。我竭力不去思考这件事情，不去思考这个我不认识的、只是被记录在视频中，也是很偶然地被我打开看见的这么一个悲剧。还好，很快我就睡着了，在梦里也没有出现灾难的瞬间。

也可能生活中确实没有太多新鲜的事情，生活已经终结了，就像历史终结了一样。我已经看到所有能够看到的，是吧？但是我仍然会深刻地意识到2018年是一个特别的年份。有些年份你要给它贴标签是很容易的，有些年份你要给它贴标签就会成为某种禁忌。我继续说着植根于内心世界的一切，就像刚刚说到教育、生命、人性、人，在我这里这些一直是可以互换的词汇。所以我无论说什么的时候，我都会关联到对教育的思考。因为这种关联，我把教育看成是一个成全生命的词，而不是指那些政策，那些教育官员的脸孔，那些滑稽剧，那些不断变化的名头。我最近觉得要是能写一部小说也真是不错的事情。

我也曾经说过，写的方式的腾挪技巧，要比说话丰富很多。但是言说的方式也颇为有趣，它总是有某种线性的东西，它要把你带到一个你可能意识不到的目的地。当然，你也可能并没有那么清晰地意识到，总之也会带到一个远处去。

人的思维其实在正常的精神状态下，它总是比较清晰的，但是就是再清晰（当然，清晰本身也是一种信念），你也总是会感到对这个世界你所做的创造（如果真有创造的话），也是微乎其微的。你甚至回答不了自己提出的问题，甚至问题本身就是非常肤浅，但即使是如此肤浅的问题，你自己都回答不了。尽管你一直试图在做一些回答，但在记忆中是不会有什么纪念品留下来的。

当你想到那些已经发生过的事情，你越想越会觉得它好像只是在梦境里出现过，至于具体的生活，你能够拿什么样的材料作为证明呢？

2018 年 3 月 19 日

忍不住的关怀

昨天晚上收到一条坏消息：我的一位朋友，著名的小说家，某大学文学院的副教授，因为经常在微信圈散布一些反主流的信息，被学校降职处理。而且其所有的课程、讲座，以及教学活动一律停止。

后来我在微信里问了一下我这位朋友，他说"情况属实"——他们已经准备了很久，准备了很多材料，他们很"用心"地在整一个人。对某些部门来说，这是一项非常重要的工作，那已经不是要把某些人身上的毛给捋一遍，是要把某一些人身上的某一块骨头试图剔除掉。剔除不掉，也要让这块骨头在某一个空间里再也无法发挥它某种功能。这不是一件好事情，我跟他说。看到这个消息，我顿生兔死狐悲之心。当然，也有很多人用各种方式提醒我，劝告我，告诫我，暗示我。对，这种危险是共有的，不是只属于谁的。

我今天早上起来就想到了杨奎松的一本书，书名叫《忍不住的"关怀"》，我读过这本书。当然，我想到的是这本书的题目，它真是一个很有趣的提醒。关怀，是指对世间万物，对世事百态，对所有的生命产生同情之心、悲悯之心、恻隐之心。当然，恻隐之心已经包含着同情、悲悯等的情感在里面，这是人天性的一部分，但是这样的天性有时候与事势是不相符的。

你要关怀，你就有麻烦；你要悲悯，你就要"吃生活"（上海人的说法）。但是很多时候，人并不是不知道危险之所在，有时就是情不自禁地仍要朝着危险走去，危险就是一种诱惑。确实忍不住这种诱惑，是心性如此，是天性如此，是信念所驱使。我想，包括我这位作家朋友。我昨天也去看了一下他发的朋友圈，肯定用得上这个词——"依然故我"。

我记得好多年前，有位朋友说起在北大听课的时候，听到了一位教授所发挥的林祥谦的故事。他说，林祥谦被军阀砍掉了一只手臂，军阀还要求他复工，林祥谦就说"你都把我砍成这样了，还复个鬼啊"。我的朋友，也是属于林祥谦的乡亲吧。他肯定心里也是这样想的："我还复个鬼啊。"

就像俗话说的"狗急了会跳墙"，人急了会站在一棵大树下大喊大叫，就像蒙克的那幅著名的画《呐喊》一样，那个人站在桥上对着空气大声喊叫，他首先是要让自己听到，自己听到也是对自我的一种悲悯。就像一个朋友说的，你总要让我有理由继续活下去吧。

其实这个理由，肯定只能来自自己，你不能在别的地方再找理由。活着，就是为了发出声音；活着，有时忍不住去关怀自己并没有太多能力能够承担的各种重负，就是把命运之恶套在自己的脖子上。所以很多时候，一方面是担惊受怕，另一方面又是铤而走险，这就是不可思议的人。

我看到我的这位朋友前几天还在微信上写了一句话："在感到彷徨郁闷之时，无人可以诉说。"前几年跟他一起吃饭的时候，他就感慨过身边没有朋友。当然他说的"身边"，是指他的工作机构。对，其实在工作机构没有朋友，这是一种常态吧。其实，你就把工作当工作，不必希望在工作中找到朋友，找到同道，找到可以一诉衷肠的人。你站在树上，你站在桥上，你站在空旷的野地里，你所发出的声音，并不是要让那些特定的人听见。不过，真都没人听见吗？正如鲁迅所说的"如入无人之境"，那你就让自己听一听吧。

昨天因为这件事情，我反复地思虑了很久，我不是专门坐在那里思虑的，我又回到了阅读之中。阅读，会帮你做一些梳理，做一些剔除。阅读，有助于你凝神，重又回到自己的生活。

2018 年 3 月 20 日

晦涩的诗歌

有时中午，我会打开凤凰卫视 12 点半的节目《有报天天读》，节目主持人换好几茬了，现在的主持是一个叫李炜的胖子。因为是资讯类节目，之前的节目我还是比较喜欢看的，但是换成李炜之后，我就开始有点反感起来。

据说主持人也是一个留德学者（在德国读了博士，是国际关系，还是政治学专业？），我为什么要特别强调他是一个胖子呢？有的胖子是引人注目的，有的胖子是让别人悦纳的，其实我对胖子本身并没有什么恶感，我可能也算一个小胖子。但是听李炜这个节目，往往听一会儿就受不了了。

意识形态的观念，有时会转化成一种庸俗，从他的强调、措辞以及立场都可以看出他基本的姿态。总而言之，我会产生一种对这个人的评价。我不想用意识形态来贴标签，我只是感觉到，从他身上所发出的气息，觉得他是一个极其庸俗的人。生活中跟我有日常交往的人，还是颇为有趣的，没有这么庸俗的人。

当然，也会有一些其他的情况。比如说我反克的朋友会接待某些远道而来的朋友，认识的，或新认识的。聊天的时候，反克已经形成了自己的一些腔调，有时是有趣的，有时不怎么有趣。不管怎样，它也不是那种庸俗的形式。反克的朋友不会劝酒，不把喝酒当成一件大事来对待，一切都是顺其自然。除了有时会有一些任务要讨论，平时的聚会都是很散淡的、很随意的。确实大家谈功名利禄的很少，大家也都到了散淡的年龄，大家对自己是什么样人（什么样的诗人）一切皆了然于胸。有时，会后有其他朋友的加入，会很惊讶，也会难以忍受，因为总体上与反克的格调相去甚远，有时甚至有点格格不入，这时的聚会就显得有点勉强。

昨天中午，我的朋友朱必圣和游刃两个人来我办公室，中午我请他们吃了便饭，而后又回到我办公室喝茶，我们聊到了一个关于"晦涩"的话题。当然，我最近的诗歌也是很晦涩的。游刃说按照阿多诺的观点，"晦涩就是一种拒绝"，对资产阶级趣味的一种拒绝。策兰则认为"晦涩本来就是诗人的职业"。我们昨天聊的话题是，晦涩其实是一种浪漫主义。我们所说的浪漫主义不是指文学思潮，可能是指文学的梦想——一切刻意为之，一切反主流，反肥胖的面孔，反脸谱化的领导阶级。某种意义上，都可以称之为"浪漫主义"。

拉开距离，增加阅读的风险，增加阅读的破碎、跳跃，言不知所终，它的入口无迹可寻，它所要呈现的精神的断面含糊不清，它不是一种摇摆，而是一种"锐利的独断"，它构成了阅读上极大的落差。我现在当然可以说，它不仅仅局限于一种文学试验，它更多的是一种精神的冒犯。当然，也包含了自我趣味的冒犯，对随笔的顺达、对惯常的逻辑等等这一切的冒犯。我们聊天形成了一个任务，希望由朱必圣来完成一篇随笔《晦涩，才是浪漫主义》。

当然，另一方面今天连诗歌也充满了风险，有时风险是真实的，有时风险是各种暗示所带来的，有时风险是一种渲染，相互把不安传递。昨天的聚会，朋友们也对我有类似的善意的一种提醒，其实，当你提醒别人处于风险之中的时候，同时你也会加深自己的怯懦。

好吧，其实我在 2016 年到 2017 年就形成了一个对诗歌的认识：在这个时代，诗歌就意味着晦涩，意味着各种风险的承担，也意味着对社会趣味的反讽，它要用艰难的文学转化去努力达成。这样的达成，其实只为了在非常小的一个团体里形成一些可能微不足道的，同时也是兴趣盎然的趣味。

2018 年 3 月 21 日

我真把自己变成一个忧心忡忡的人了吗

我真的把自己变成了一个忧心忡忡的人了吗？这是我昨天从福州飞往重庆时在飞机上反复思考的一个问题。说思考，可能不一定是对，这本身是很长一段时间以来的最基本的精神状况。

我昨天开始读葡萄牙作家萨拉马戈的《失明症漫记》，之前我读过他的《修道院纪事》，现在真的记不得那部小说写的是什么，只记得他的句子特别冗长而又生动，而故事本身记不得了。这不是失眠，这是一种失忆。要看萨拉马戈的书，是因为最近看了英国政治学家鲍曼的一部随笔《此非日记》，书中不断提到萨拉马戈是一位重要的思想家、小说家，对其评价非常高。萨拉马戈的智慧能够给人很多的启迪与联想，带来浮想联翩。

一本书推动了另一本书，一次阅读推动了另外一次阅读。但是读《失明症漫记》却不是一个愉快的体验，这确实是一本痛苦之书：一个人莫名其妙眼睛就失明了，开车开至红绿灯前面，突然发现自己眼睛什么都看不见了。你只要想一想，就会陷入一种恐惧之中。其中还有一个漂亮女人，在和一个男人欢爱过程中，她没有意识到自己眼睛失明了。第二天早上起来才发现，非常惊恐地大喊大叫，赤身裸体。酒店的服务员说"她就像刚出生时一样赤身裸体"，在那里大喊大叫"我瞎了，我瞎了"，但可悲的是，这个酒店的女服务员很快也双目失明了。

这段时间，我的视力已经大不如从前了，我经常有一种忧惧，觉得自己已经处于一个半瞎的状态了。这几年的手机阅读、网络阅读对眼睛损伤非常大，这之前书籍的阅读肯定也是有很大的损害。前几天，我跟我朋友游刃、朱必圣一起聊天的时候还说，我们这代人（指"60后"的这代人）读的书也都太多了。是的，有很长的一段时间，我们完全是补课式地、掠夺式地、贪婪占有式地阅读，因为之前我们读得太少，我们有一种惊恐。我们读到的书太精彩，我们有无限的饥渴，所以不断地阅读。

我跟游刃说，也许我们要比古人读的书多得多，尤其是远古的古人，因为他们所借助的阅读工具，对思想、艺术各种领域的记载，写在书简上，体积庞大，总是不那么方便携带。应该说，手机也能读到一些东西。当然，手机方便了各种资讯的阅读，或者是新的一些思想的闪烁，有一阶段我比较贪恋这些，因为它刺激了我的思维，现在我有点害怕了，我现在不应该再把手机阅读作为一项重要的阅读工作。要把每天看手机的时间不断压缩，再次把手机只作为通信工具，而不是阅读工具。

这样说起来有点拉拉杂杂，我刚才说到了自己的忧心忡忡。其实忧心忡忡，是基于对自己生命状态的自我体察吧，比如身体的变化、口味、睡眠、情绪等这一切，它自然都会转化成一种精神状态。人，大概是世间万物中最专注于自我审视的动物。我们的智慧来自对自己的观察。

另一方面，生活在这个星球上，我曾经在诗里说"我们是生活在天空中的人"，虽然我们会踩着所谓的大地，如果从宇宙的角度来说，我们踩的也不是大地，我们踩的是一个可以凭借之处，因为整个大地也是飘浮在宇宙之中的。我们是空中之人，我们是空气中的人，我们是生活在虚无缥缈中的人，我们是生活在很快忘记昨天，同时又看不到明天的人。我们又是被一根刺扎在肉里，随时随刻都会伴随着世界变化而感到疼痛的人。

自我的审查，对世界各种复杂性，对深邃的心灵，以及对各种事务性、政策性、战略性问题的省思，首先是思想者最为重要的一项工作。昨天晚上我就知道，美国总统马上要签署文件对中国征收巨额的贸易关税，中美之间的贸易战已经爆发。我今天早上还在收看相关的资讯，这可不是一只小蝴蝶扇动了翅膀，这是一头巨兽发出的吼叫，对我们生活的影响很快就会到来。

当然，我们无法觉察一个自诩为林肯传人的商人出身的总统，他内心最为强烈、最为隐秘，同时最为深刻地对美国、对世界，当然也包括对中国，他所思考的最为核心的问题是什么。他也许已经说出来了，也可能有些人会误判，他也许并没有都说出来，我们会等着时间把他更多底牌一张张地翻开。

我们毕竟是生活在这样的极速变化中，又怎么知道它的方向是向左、向右、向前、向后呢？也可能就没有这样的方向，它就像飓风一样强烈地自旋，形成一个巨大的旋涡，把一切都带了进去。

2018 年 3 月 23 日

生命的主动逃遁

那天谈到了情绪低落。情绪低落的人总有一种无力感、无助感、无意义感，这其实是属于文化意义上的一种大的悲观，当然也包含了某种大的拒绝。大的拒绝，是有一种主动精神的，也就是退出的精神、抵制的精神、不关心的精神。但不关心似乎是做不到的，于是仍然会关心，越是关心越会引起一种内在的沮丧，也会加深这样一种沮丧。

如果从生命的状态而言，它需要变更某一些生活方式、行为方式、工作方式。有时需要另外一种意义上的退守，也就是退到无所作为的、适当保持与外界封闭的，同时置身于自然，有更多身体劳动的，与土壤、溪水、山川树木这些打交道的，亲密一体而相看两不厌的一种主动逃遁。但是经常我又在路上行走，我会不断地走进学校，也会不断地与教育中人就教育文化、生命存在的意义等这样的话题展开细致而又深入的讨论。

这样的话题，是会拖人下水，它会加深人的精神危机。是的，这话题本身就是一种精神危机。某种意义上说，我现在会更少去做一个建构性的建设者的思考，也就是说，它是有对象、有强烈的目的、有工作计划的，类似于一个搭脚手架的工作。话虽这样说，但我又恰恰是这样的一个人，其实我内心是会有抵触的。我内心会觉得"我怎么还是这样的一个人呢",但我又只能是这样的一个人,这是多么矛盾呀。

昨天,我跟子虚在一起说了说。当然,我也明白我需要的不是那些褒奖与肯定。其实就是去讲课,去讨论问题,去与人对话,目的完全不是希望得到肯定,获得更强的存在感这件事。其实只要你从事教育工作、从事教育思考,这就是一种个人的文化悲剧吧。当然要说好玩的话那也是有的,它会使得你有另外一种消极的浮想联翩。说它消极,是指有点乏味的浮想联翩——太专注而变得贫乏,太执着而变得狭隘。就阅读而言,我更喜欢读一些在文学上有更多炫技,在哲学上有更多独断论的"胡说八道"的文本。即使是这样的文本,我还是希望它是有迹可循的,不要构成太沉重、太费神的那种"沉浸其中"的文本,因为很伤脑啊。凡是很伤脑的事,最后都是很伤神的。

好吧,我从重庆来到了深圳,明天要到中山。明天下午要从中山到魔都。就这几个城市而言,我这会儿突然觉得上海还是会更亲切一些,并不仅仅因为我在那里生活过四年,而是这会儿我想到了它的色彩——雨中钢铁有一种深蓝,天黑后又如铁锈般,被雨水冲刷的这样奇怪色彩从我脑海里冒出来。当然,上海还有它原来的气味,气味会穿越到 20 世纪 80 年代初。就算再为稀薄,我也能觉察到,其中仍然有 80 年代初商店里香水的气息。也许别人不会这么想,但我固执地相信应该还是有的。

上海更好的一面还是它具有多样性,它还有一些老的腔调,还有一些能够不断满足人的小情趣。我其实也不必去想它的意识形态,我只想着它还有一点小味道,如此而已,就不错了。

2018 年 3 月 26 日

生命要随时面对不可能

今天早上起得比较早，起来后就做了一些比较简单的运动：做了50个俯卧撑，感觉特别好。昨天晚上睡得特别好，这几天出门，就昨天晚上睡得好。早上想一想，可能跟这个酒店的床铺有关系。床铺好，才能睡得好。

昨天乘车从长沙到宁波，路途非常漫长，将近6个小时。一路穿过湖南、江西、浙江三个省，途中都是雾气蒙蒙。我上网搜了一下天气，发现已经没有雾霾这个名称了，只是说有雾。看来又是统一的要求——只能说有雾，不能说有雾霾。但就我的身体反应而言，肯定是有雾霾的。因为我在雾霾的环境里一定会头痛，屡试不爽。但到了宁波以后，宁波空气比较好，真的是头痛立刻就消失了。

在高铁上，我也一直在思考着一些人生的问题。首先觉得身体的疲劳经常会带来精神的厌倦与困顿，人生有很多问题，一个人确实是难以解决生命中的各种烦忧。具体地说，它们是一些是真实的日常存在的细微的问题，只要它们存在，就一定会困扰你。当然，这些问题还是可以解决的，麻烦一定可以过去。但是人生更大的一些问题是精神层面的东西，也许你一辈子都会深陷在各种痛苦之中。

我由衷地感觉到，我们是把控不住自己所身处的世界及各种各样复杂的问题的。当然，也会归结于肉身生存的意义（这样的思考）：我到底为什么而活着？到底为什么而奔波？

这种精神上不断遭受各种各样袭击的状况，有时会使人深深感受到——难以自我守持。我是一个经常反观内心的人，这种反观能获得多大支持的力量，也是存疑的。有时也想，我经常到处讲课，我真实地能够为教育带来什么呢？也许，我对教育的思考已经太多，同时我又不明白这样的思考，也许更大的意义只在于思考本身吧。也可以说，生命本身也是一个悲剧的存在。生命，要随时随刻面对各种不可能以及不按你的逻辑（也不按人的逻辑）所运行的、不断变化、不断陷于更大的荒诞之中的问题。

我早上起来，觉得虽然一夜仍然做着各种各样的梦，但发现睡好了，一切还是能够更好一点。我在火车上一直在看书，有时一本书引起的各种各样复杂的联想，才是更美妙的东西。好的阅读会令我们沉迷于阅读本身奇妙的乐趣之中。当然，我也会自然地觉得我应该继续书写，继续让自己的句子不断地沿着它的逻辑去发展、去变化，去转入一个美妙的语言的深层之中。

同时，阅读会使你感到自己生命的卑微，这种卑微，会让我们从智者那里获得启迪。智者也会因我们的生命存在而困惑不已。

这世界上确实有大树，也有小花小草。小花小草自然有自己的价值，但小花小草毕竟是轻微的一种绽放。但是，你仍然要回到这些也许终身追随的梦境中去。我有时觉得，我肯定创造不了一个什么样的体系了，可能在过往的具体写作中，我确实也没有过太多这一类的欲求。我只想做一个零散的、片面的、断断续续的，而后写出一两个比较有趣的句子的随笔作家吧。

我的声音，肯定是某一个人的声音。某一个人，首先是确定的一个人，但是这某个人又是在历史中不太确定的一个人。我提供了一些纹理，提供了一些声调、语调，提供了一些模糊又感性的身体的声音。肯定是这样的，这些句子所构成的书籍，它是容易腐朽的。可能当它完成之时，就成了一种巨大的空虚。这样巨大的空虚，也会伤害了我。但是这样的空虚，同时让我特别着迷。所以总是不断地返回到关于句子、关于声音、关于身体、关于存在的各种纠缠不休、挥之不去、萦绕不止的生命景象里。

2018 年 1 月 20 日早晨

体制生活的"共同福利"

　　我多次谈过抑郁症这个话题，在我的《教育的勇气》那本书中，也记录了我身边朋友的病例。抑郁症逐渐成为一个公众话题，是极为普遍的心理疾病。有人夸张地说，在体制中生活的绝大多数人不同程度地都患有抑郁症。

　　其实，它是一个情感堵塞社会的最典型的病症：压抑、恐惧，无法交流、无处倾诉，无法活出自己。这是普遍的生态。但这一生态其实又是通过各种规训、恐吓，以及精心的设计所造就的。《情感堵塞》书里有一个观点：某种力量就是要把国民普遍地塑造成"儿童化"的精神状态。"儿童化"一词在我看来，也好过巨婴。

　　"巨婴"是一个比喻，跟"巨婴"相对的"儿童化"还有一个母亲（万能的母亲）。当这么思考的时候，"巨婴"这个词就偏窄了，而"儿童化"是使人的智力、想象力、理解力、行动能力、自由度、独立性等方面，始终处于幼稚的、无连贯的、随性的、感性的状态里。这么看，它更符合情感堵塞社会的特征。

　　比如说刚才我走在去办公室的路上，居然被人泼了一身水，泼水的是一个成年人，他与人行道上的另一个人开玩笑，结果把水泼到了我身上。接着他说了一句"这水是干净的"，我虽然生气，但脑海里马上跳出"这个人很幼稚"的想法。其实，更形象的说法就是他处于"儿童化"的状态之中。说"儿童化"，不是指他智力有残缺，而是指其智力未充分发展。本来人的智力是可以充分发展的，但是如果有意地把智力控制在"儿童化"的状态里，这就可以说是某种教育与社会控制的阴谋。当我们的社会出现各类事件、各种冲突，或者不断出现一些新问题时，你去看一看那些普遍的反应系统，"儿童化"的理解是非常普遍而常见的。

今天恰好是高考的第一天，高考第一天是最热闹的。上午考语文，大家更关注的是语文作文。这种关注状态就是非常"儿童化"的，自然也看到大部分的作文命题它也是"儿童化"的，这其实是非常难以改变的。改变，不单是一个智力问题，而且是智力的结构，它控制着系统本身的背后架构。所以要讨论这样的问题，退一步、退两步，或者过一年、过两年再去想，你就会发现所谓的讨论是没有进展的，所有的进步是没有发生的。因为"儿童化"是某种固化的状态。

说到这里，你可能也明白"儿童化"跟抑郁症之间是有关联的。这种幼稚的、单向度的，不断自我窄化的、不断在某一个功利向度上的自我纠结，不断地放大生活中的某些恐惧与创伤，又找不到更好的疏通渠道，抑郁症就成了某种体制生活的"共同福利"。

当然，我是有点刻薄了。如果换一种说法，绝大多数人都难以逃脱。要怎样才有可能逃脱呢？你已经深陷在成果之中，你要想逃脱，一方面是不断地做自我觉悟。自我觉悟不仅是对自己生命的一种觉悟，还有对生命面对的墙、牢笼、沙漠，有时又像是在"无人之境"的生存空间，所能做的就是——放弃、逃避。其实放弃任何荣誉之心和对利益的贪图都是越彻底越好，那一切都像神说——"只要沾上，你就一定会有麻烦"。

反过来说，你怎么才能获得这样一种自觉呢？这也许是当下社会自我更新最核心的一个问题。

2018 年 6 月 7 日

在虚无的世界里虚无

我从来没渴望过自己能够变得无比博学，我大概是属于另一种类型，不是"博学"而是"薄学"。我只学一些东西，我只沿着自己喜爱的一条窄小的路走了很久，经过时也许看到了一些什么，但随着时间的推移，我所看到的几乎都记不住了。所谓的"博学"在我看来，可能是属于记忆能力的问题。而记忆能力一般而言，仅仅属于天赋的一部分，我没有把它跟后天的努力关联起来。因为在我看来，那恰恰是我要克服的某种虚浮性。

这样说，可能是不太公正的。所有不公正的话往往都是为说话人自己服务的，我这么说也是如此。有时，我会记住一些句子，我记住一些句子是为了表达，表达之后有可能就忘了，有的还会记着，它就像脚手架一样，每次我都会用它派上不同的用场，所以慢慢地它就成了经常被使用的工具。如果你知道我这么做的话，你可能会特别嫌弃我。其实你不应嫌弃，你要同情一个记忆力很差的人。

当然，我这么说，很多人也不信。因为你没办法知道一个人记忆力到底如何，只有他自己知道。所以到了我现在这个年龄，我对自己提出的要求是：应该想更多，而不是读更多。我不停地在那里想，想的都是自己的事情，而不是历史上伟大人物所经历的事情。我是沉湎于个人经历中的人，只有个人经历是无法忘怀的。所以当我说教育的时候，我说的是自己；当我说自己的时候，我好像说的又是教育。

有些故事已经说过好多次了，当然，每次说的时候是为了不同的主题。有时首先是我自己被感动了，连带着也会感动其他一些跟我有类似经历的人，或者是像我一样上了年纪的人。从某种角度来说，我有时看到那些身上满是盔甲、头上戴着无数冠冕的人，我总是替他们着急。因为我觉得一个人要保持良好的身体能力，他是需要落尽皮毛的，而不是身上披红戴绿，搞得那么煞有介事。但煞有介事往往又是这个时代文化最强有力的一部分。很多人没有得到，心里还是有些怨恨的；有些已经得到的人，则希望得到更多。比如，他们还希望得到闲暇。

就像一个人看到另外一个人一早就在那里喝茶、晒太阳，吹着凉爽的风，好像若有所思。他也没做别的事，他一个上午都是这样。虽然那个记恨的人，中午有条件吃一只鸡，但他还是会妒忌这个上午喝茶、发呆，闲着无聊的人，即便他中午只能吃一只田鸡。因为田鸡跟鸡相比的话，真是小得可怜，但是拥有鸡的人还是希望，也能够像仅仅得到田鸡的人那样有足够的时间喝茶、发呆。

这个世界还是献给那些忙碌的人，所以当我稍微有点忙碌的时候，我就特别厌恶自己。不是三日不读，面目可憎，而是如果连续忙碌三日的话，你身体的气息可能就完全不对头了。我明白，我常常沉湎于这样的情绪之中，这世界其实是很虚无的。如果从时间长度来看，从历史的长河来看，从人类的演进来看，一代一代的人，无论他活多久，无论他有什么样的丰功伟业，都是缈若烟云。

虚无，是人类的一种精神动力，在虚无中你所获得的理解可能是最为深刻的。当然，这种深刻本身也是虚无的一部分。所以每个人都是矛盾的，每个人都有多样的情感状况和理解力，以及他所秉持的立场。有时你会觉得他不断地在转换（说好听一点是"扬弃"），其实这都是虚无在作祟啊。

随着年龄的增长，虚无就会像夜幕一样弥漫开来。那个时候，无论他说什么，思考什么，他的生活状况如何，他都是虚无的化身。

2018 年 8 月 10 日

我们的身体建设与生活建设

那天从重庆坐飞机到深圳，坐在我边上的是一个中年男士，飞机飞了两个多小时。这两个多小时是一段极其痛苦的旅程。原因很简单，我边上的男士浑身散发出几乎令人窒息的气味。

应该说，他自己肯定是没感觉的，或者说是没有这样的意识的。但我发现，无论是坐火车、坐汽车，坐飞机、坐专车，或者坐出租车，都会遇到这种情形。只要你边上坐着的是男士，或者驾驶员是男士，气味就很可能非常不对。我做一个毫不乐观的估计，可能80%的男士都是比较臭的。

我把这个信息发在了微信朋友圈，引起了很多人的共鸣。有位深圳的校长还问我，他是否在80%里面？我说你抽烟吗，你喝酒吗，你喜欢吃辛辣的食物吗？如果他给予肯定，那么他就很可能在这80%里面。其实，我们有时候会对所谓的大事情，性命攸关、前途攸关、荣辱攸关、价值观论辩等这一类的所谓大事很敏感。我们在朋友圈、在微信群，在与人交往过程中，就像很多人说的"三观不合，简直不能做朋友"。

我倒是觉得，有时可以暂且先不论三观，先谈谈我们自己生活的建设吧，先谈谈我们自己身体的建设吧。比如说，是否能做到每天都洗澡、洗头，每天至少刷牙两次以上，吃完饭还要漱口；勤换洗衣服，外出时尽量顾及自己的卫生状况。这说起来很容易做到，但是为什么这么多的人没做到呢？

可能有三方面因素。第一，从小养成的生活习惯。第二，你生活在什么样的圈子里。比如，我认为有两个圈子的气味是比较突出的，一个是吃火锅的圈子，一个是吃大蒜的圈子。生活在这样的环境里，你也会丧失对气味的敏感。第三，当然还是对自己身体的自觉。比如说，一个人其实挺难察觉自己的口气的。我看到一篇文章介绍说，有一种英国式的测试方法，就是在自己的手背上沾一点唾沫，而后快速地嗅一下它的味道，往往就能测试出来。

当然，测试只是一个方面，其实还有更重要的方面。比如以我自己为例，我从小生活在乡村，各方面条件都比较糟糕，但我的母亲比较在意让我穿上更洁净一点的衣服。同时，定期为我洗澡，这是小时候养成的习惯。当然，乡村这种成长的环境还是给我留下很深的痛苦的记忆，所以我一直比较在意要从日常生活里彻底摆脱这些痛苦的痕迹。现在我总是每天洗澡，一天至少刷两次以上的牙，吃完饭肯定是要漱口的。包括外出讲座（无论是白天还是晚上），在讲座之前我一定要刷牙。还有就是避免吃辛辣、气味重的食物，尤其是在公共空间，或者要搭乘交通工具和别人坐一块儿的时候，我都会特别注意。

其实，任何一个人都是有变革自己的能力的，但是是否能够意识到，不要给别人添麻烦，不要让别人痛苦，能够克制自己的不良嗜好给别人带来困扰，这是比较困难的一件事情。在我的朋友里，抽烟的还是有不少的，所以我有时跟他们相聚会有一些踌躇。其实很少有一个朋友跟你聊天的时候能够不抽烟，或者在室内能够做到自觉不抽烟的，做到这一点太难了。所以某些法律的强制规定确实有必要，但法律有时很难转成自律。

当我们把很多的精力以及很多的注意力投向社会重大问题的时候，大多数人都会忽视，自我变革也许才是更为重要的一件事情。比如说，从气味、气息，身体的洁净转向对吸烟的控制，开车时不胡乱按喇叭，不与行人抢道（不与其他车辆抢道），开车时不接电话、不发微信，等等，其实，这都是可以不断地推廓下去的。推廓的理由就像孔夫子所说的"己所不欲，勿施于人"，有时我们还应该想到"己所欲也应该勿施于人"，首先在自我建设方面要更有一种生命的自觉。我们几乎可以这么说，建设自己就是建设这个社会，改善自我就是提升社会健康品质。

2018 年 4 月 5 日

生活需要适时放松与转换

我仍然还是一个学习者。有时不免要对自己有一些自嘲，读吧，活到老读到老，活到老学到老。但客观地说，到这个年龄已经学不到多少东西了，不是所有的书你都读完了，是可能你只会读你想读的书。还有一点更为重要，很多书读着读着就忘了，读着读着就会陷入各种胡思乱想。还有一些读书的状态，那只不过是维持着一个读书人的生活吧。

遗忘其实是有意义的。人的大脑不可能是一个无限的空间，所以就像所有的遗忘一样，很多书籍如果你不再重复着不断地阅读，这些书是很难进入你的大脑的。作为一个散逸的读者，有时记住的只是吉光片羽，像闪电一样闪过，没有留下任何痕迹。阅读是靠不住的，记忆本来就有它自己的样子。另一方面要说的是，现在可能更重要的是向自己学习。向自己学习是向自己的生命学习，是向自己的身体变化学习，是向自己的童年学习。回到童年的状态，就是保持一种天真，保持一种无目的的生活乐趣，包括读书的乐趣，也保持一种非功利的写作的热情。

对，还有不要年纪大了以为自己变得聪明了，也可以说你其实是保持着某种无知无识，保持不评判、不下结论这种生活的乐趣。也就是复归于赤子，要抵御各种名利诱惑，抵御各种坏情绪、坏脾气和自以为是，去除身上对人的怨恨与敌意，还要警惕身体自然变化所带来的各种对生命的宣泄。

前几天我突然有一个领悟，对人的脆弱性的一种领悟。以前我们有一些对身体的描述词，比如"血气方刚"，我们把它看成一个形容词，形容人青春的一种状态。其实"血气方刚"首先是对身体的描述，人在青年时代血气充沛，对世界无所畏惧，但人从 40 岁以后逐渐走向衰年。虽然身体还保持着某种精气神，但实际上它已经开始往生命的后半场走去，各种心理的变化非常微妙，也绵延不绝，有时所谓的理智是控制不了这种变化的。比如人的心肠慢慢变得柔弱了，这其实是对世界的一种恐惧，对世界的不可知、对生命的无力感不断滋生的一个过程。

我领悟到这一点之后，对我的父母就有了更多的同情与理解——父母的今天也是我的明天，父母的今天也是他昨天的一种延续。比如父亲变得越来越怯懦了，怯懦有时并不表现为他对事对人对己具体的一种怯懦，而是生命整体的一种衰变，它是自然而然、不知不觉、不可控制地呈现出来的。

今年春节，我妹妹一家要到厦门过年，我父亲就感到非常恐慌，以至于他晚上要开着灯睡觉，身体好像染上了疾病，甚至还到医院做了检查。这在别人听来肯定是很荒诞不经的，但是我应该能理解我父亲的这种恐慌。我妹妹是一位资深的医院护士，由于长年照顾他而使其形成了一种很深的依赖，好像妹妹不在家的时候，就意味着某种危险住进了家里来。

仔细想一想，不是说"悲从心中来"，而是你就明白这是一种生命的节律。很多东西都是在不断转换的，这种转换让人产生了一种深深的敬畏，同时感到一种慈悲。我经常这样说："哪怕对一个恶人，也不会那么憎恨。"不是对恶不憎恨，而是对"恶人"的"人"不那么憎恨。也就是说，所有的恶它都是人性的一部分，所有的恶行都有一种人性的基础。人一方面受制于人性，另一方面又受制于各种复杂的社会环境，还有各种权力会腐蚀他。当你看见那些粗鄙无文的人，你就更能理解了，这种理解本身也是对自己的某种安慰。去年春天，我有一位朋友患了非常严重的抑郁症，前几天见面，我还跟他说今年天气暖和得快。其实我想说，像去年那种绵延的雨水会诱化出各种抑郁的情绪，但不等于今年春暖花开就不会有各种各样的毛病。那天聊天还聊到了几个朋友，其中有个三口之家全家都有精神性问题的困扰。

有时当我们在关心别人的时候反身自问，也会明白自己其实没有那么健康。所以有时你要懂得调适，懂得松开。你需要用另外一种生活的转换，去理解生命中各种各样的困难、困顿与困厄。也许，你就更懂得朝平和宁静的方向去做自我的转换了。

2018 年 4 月 11 日

令人变得更为澄明自如的阅读

昨天碰到我在 1989 年到 1990 年一年时间里教过的一位学生，当时我教高中一年级的语文课并做班主任。她跟我说，她现在仍然记得我那时是怎么上课的。她夸张地说，这是她在中小学学习生涯中从来没有遇到过的一种教学方式。我不知道是不是真的这样。她认为我的课堂教给了她一种整体思考的方式，教她整体去理解这个世界，去理解一个人，去尊重一个人。这么多年过去了，她现在做母亲也用上了我的方式，她认为是有效的，是能够很好地促进孩子成长的。

她这样的评价，我也从其他学生那里听到过，我只在这所中学教了一年书，却让一些学生念念不忘。其实，我那时并没有去研究怎么教学，也没有研究怎么做班主任，我只思考应该怎么上课、怎么做一个老师，我是用这样的一种立场自己去摸索的。同时我更多是通过不断的阅读让自己变明白的。

由这个话题，我想到了今天无数的人，或者说绝大多数的国人都陷入了各种各样的焦虑之中。焦虑，肯定是很多原因导致的。但我想，实际上不阅读只会加重各种焦虑。因为人类所有复杂的问题，其实很多的思想者都在很多书本之中、典籍之中思考过，都透彻地辨析过，都找到了各种可行的答案。人类的问题，既是新的问题，又是古老的问题。这就是一种命，也是每一个人都没办法逃脱的各种焦虑。

我有时会这样想，那些阅读的人总是能够变得更为澄明自如一些，因为"书中自有颜如玉"。"玉"是洁净的、清澈的、温润的，纯洁而又美好的，它就在书里，就在你阅读的过程中，你会看见它，你会想象它，你会渴慕它。那些不读书者，只能在现实之中去挣扎、去折腾。就像《红楼梦》里说的，那些女子是水做的，那些男子是土做的。温润如玉，那是世上的美女子，她就在无数的美丽动人的语言背后。

那条路，看上去是一条窄路。那个门，看上去是一个窄门，只有儿童能够穿过。那些儿童，就是有童心的人，复归于儿童的人，也就是说，你要把自己变成儿童，或者复归于儿童，你就需要把身上的那些重物给放下，使自己变小、变轻盈、变灵动，那不就是阅读能够帮助你的吗？

这时候我也能理解，它其实就是某种信仰，对天地万物那种灵性的渴慕与景仰。同时，努力把自己变成其中的一部分。一个陷入焦虑焦灼，以及各种痛苦的人，也许治疗他最重要的方式是靠他自己。如果按照古人所云当一个自了汉，别人又怎么帮助得了你呢？所有的帮助都要通过自己的接受才能抵达。我每每坐在桌前翻阅书籍的时候，就会产生一种"飞翔者"的自得，这种自得不是跟任何人做比较而产生的，而是那些灵动的思想托着我的身躯。

好吧，这样的话也许应该在 4 月 23 日这一天，也就是被称为世界读书日的这一天说。但是世上本来就没有法定的读书日，就看你愿不愿意读。愿意读了，你就暗中放下了很多。即使都不放下也好啊，你就带着自己的沉重再去寻觅吧。

2018 年 4 月 27 日

只要有书读，就不会陷于悲伤

我的朋友，广东第二师范学院的副教授许锡良，昨天在他的微信上报告了一个匪夷所思，但又让人心感悲痛的消息：他寄存在朋友工厂里的三万多册图书被当成废品处理掉了。现在他一本书都没有了，真是令人嘘唏。当然，我也不知道他的书在朋友工厂寄存了多久，也不知道为什么他的朋友就把他的书当成废品处理掉了。

他自己说是因为搬了几次家，现在房子正在装修。其中，包括他的藏书室（书房）。现在看来，书房只能改成茶室了。他说，他手边一本书也没有了，然后又感慨：一切都是书惹的祸。如果从这个角度来说，这倒变成一个美好的故事了。就像吸毒上瘾一样，现在彻底做了一个了断。

晚上，为这件事情，我也跟一个同样在广州的朋友子虚先生聊了很久。其中，我们聊了一个比较有意思的话题，我们不是简单地只聊到了许先生的不幸事件，而是同时又说到今天作为一个读书人的话题。比如，你有一两百册的书不读，这很正常；你只有几本书装点门面，你不读，这也很正常。就像我前阵子到一位校长的办公室，看到他的书架上都是成套的书，我就知道他肯定不读书。一个人拥有数万册图书，那是一定要读的。一个不读书的人，哪里需要数万册图书来作装点呢？

我曾经去过宁波一个朋友家的书房，其实他家整个房子就是一个书房，书架上的书真是琳琅满目。他告诉我，在他老家的房子里也藏了同样数量的书。书，肯定是一种负累吧，有时也是一种累赘。他说前几年因为工作变更，他就把书运到了云南某地，后来工作又变更，只好把书又运回来。结果，光运输费就花了数万元。当然，钱是一个问题，把这些书折腾来折腾去，那可能是另外一个更大的问题。

再回到昨天我跟子虚先生的聊天，他给我发了一个视频，视频讲了美国一个 11 岁的小女孩对川普总统的一些看法，真是令人惊奇。这不涉及意识形态的评价，也不涉及孩子对川普的态度，更核心的东西是孩子令人惊奇的见解。这惊奇不在于它是否深刻、是否独特，而在于她是那么自由，无拘无束，畅所欲言，又有儿童的那种自得、陶醉，极富有对未来的信心。

她甚至说到自己的人生经历，从宾夕法尼亚大学出来以后去参军，去做公益，去当律师，等自己老了，也许可以考虑去竞选总统了。但她没办法知道，那时她会以什么样的方式去竞选，因为只有到那个时候她才知道。哎哟，这个视频让我几乎兴奋起来，恨不得跟更多的人分享，但那个时间实在是太晚了。

我和子虚的谈话，谈的不是中美之间的差距是否隔着几个太平洋，这样的讨论是没有意义的。我们讨论的是——不同的学校、不同的家庭、不同的教育制度、不同的国家，它一定会培养出大不相同的人。我自然地想到就在前几天发生在武汉的硕士自杀事件。这个事件背后是有一只黑手的，我不是把这只黑手直接指向他的导师，我甚至可以断定他的导师也是悲剧链条上的一颗果实。这果实酸涩、干瘪、无趣、无聊，完全没有自我的省悟能力，甚至包括自我生活的能力。

你说这孩子可怜吗？比这可怜的可能是——他 27 岁了，居然没有勇气逃脱他老师的控制与折磨，他需要用死的方式来了断这种尴尬、痛苦、绝望的人际关系，这才是真正的悲剧所在啊。当然，我们还可以推而广之，还可以看到更远的地方，可以用更开阔的视角对这件事进行评判，但不必再说下去了。

我跟子虚说，就像时不时有人问我"你对公民"等有什么思考一样，比如有什么成就感、荣耀感、自得，包括对自己工作的一种知足、知心，我更多的时候不太想去做这样的交流，怎么说都不妥当。因为在我的内心，只有三个词是更为恰当的：一个是"恐惧"，一个是"退避"，一个是"憎恶"。我也不必对这三个词再加以阐释。

有个诗人这么说："只要有书读，你就不会陷于悲伤。"我仔细想一想，这个诗人大概就是我自己吧。

2018 年 4 月 4 日

一切创造首先源于"阅读自由"

昨天跟几位朋友在线上聊了一个关于阅读的话题。因为最近正在开一个比较重要的会议，这个重要的会议就会有一些重要的提案。有一些重要的人物或者比较重要的人物，或者自己认为自己特别重要的人物，他们提出了各种各样的提案，我也会关心他们提出的一些关于教育的提案。

当然，说关心，也就是有时候看一些标题，看一些主要的观点，然后也关心这些年来每一次开重要会议的时候都会谈到的阅读问题。因为我们都在强调阅读的重要性，其实阅读的重要性是不需要讨论的，哪个国家哪个民族哪个时代不强调阅读的重要性呢？但是为什么这么强调阅读，肯定还是社会出了一些问题，教育出了一些问题，文化出了一些问题，还有就是这个时代的一些价值观等出了问题。但我的思路不是沿着这个展开的，我的思路是不切实际的，我就是想到了一个比强调阅读重要性更重要的观点，我认为要强调阅读自由。一个人能够自由地阅读，一个人能够无限宽广地选择自己喜欢阅读的书目，这何其重要！没有阅读的自由就不会有真正的阅读动力，阅读就很难真实地回到个体需求上来。

当然，阅读的自由更为重要的是我们可以自由地选择，自由地借鉴，我们能够得到更为宽阔的不一样的启迪。也就是说，人想要真正变得聪明，是不能靠一种声音指定的阅读书目的，如通过考试这样的一种方式来催促你，来逼迫你，甚至强迫你阅读。

那么，阅读的自由其实也是常识，我们以前提到阅读无禁区，也强调开卷有益，实际上就是把更多选择跟判断的权利交给生命个体，教师是可以指导的，社会也是可以对阅读书目进行年龄分级的。年龄分级是为了保护孩子的安全，实际上分级也有助于筛选出更适合儿童阅读的书目。

但对一个成年人来说，那就不需要年龄分级了，成年之后他就可以读到更丰富的、有思想含金量的作品。包括艺术品，包括电影，包括各种各样的哲学、小说、诗歌等。其实这也是世界各国的一种常态。

如果没有这样的阅读自由，都是指定的书目，都是出于某种需要指定的这一些书单，你读下去那是很乏味的，在这样一种乏味的阅读中，怎么能够产生真挚的、持久的阅读情感？怎么可能有助于一个民族的创新力、想象力的发展？这才是更重要的问题。我们要为自己的民族发展负责，要为民族培养更多有才能、有尊严，能够对民族的发展有更大责任感、有更大贡献的人。

真正的阅读要从阅读自由开始，现在的互联网有各种各样的限制，使得跟世界同步阅读，获取世界各国有天分的人创造出来的思想及科技的财富变得很困难，这种困难小到影响你具体的生活，大到你没办法进入一个共享的空间，没办法在思想、在科技、在各种创新里成为人类共同体中的一员，这种损失你可以去估量它具体的数字，但不可估量的是精神方面的滞后，这种精神的滞后，创造力的滞后，见识的滞后，是无法估量的。

所以要想在思想、科技和所有的领域能够真正的大步向前，是要成为人类思想与创造共同体的一员的。所以，开放我们的天空，我当然指的是思想的天空、信息的天空，是一个非常重要的话题。

总是有人说希望天公重抖擞，抖擞抖擞重抖擞，然后不拘一格降人才。当然，这里面说的是一种好的制度一定会催生更多的优秀人才，然后好的思想平台、好的思想资源，它一定是人类共同的财富。在这样一种丰厚的土壤里，你就会看得到什么样的树木，什么样的花朵，什么样的生命都有它自由成长的空间，最后都会长成它活泼泼的自己。

2022 年 3 月 15 日

你要配得上
你现在的生活

做自己喜欢的事，像毛驴一样勤勉、耐劳、不抱怨

去年可能是我讲课最多的一年，包括拍摄的课以及到各地讲的课，加起来有一百五六十次课。所谓的一百五六十次课，有的是半天的课，有的是一个多小时的课。加起来的次数是特别多的。好像刷新了我的纪录，感觉到自己有点像大家经常说的，像个雷锋，像个劳动模范。（我们一比喻，就很容易用这样的比喻。）后来我看了一个七十几岁的著名的语文特级教师的事迹，看完以后我就不敢说话了，因为老先生上的课比我要多得多，出门的次数也多，所以我算不上很勤劳。

但是即使算不上那么勤劳，我也觉得好像去年的课是真的讲多了，讲到我有点害怕，讲到我有点不太习惯了。当然其中一个因素是我讲课的方式，每次都特别消耗自己，因为我不太喜欢重复，哪怕有一些话题是一样的，每次讲的方式也不一样，甚至同一个题目会讲出相当不一样的内容。

因为我讲课不靠背稿和念稿，每次都比较有现场感，也会有比较强的针对性和一种即兴的效果，所以讲完课下来都挺耗神的。当然更耗神的是讲之前一直都会很紧张，这是一种病，一种治不好的病。所以有时候跟人家说，我讲课很紧张，大家都觉得我矫情。说实在的，真的是有点矫情，一直要矫情下去，这是一个很大的精神性的麻烦。

所以我也特别能理解各位朋友，有时候要上课或者做什么样的事

情之前的那种紧张跟焦虑。当然讲完课以后，会有一种释放，但是很快又要讲课。因为你习惯了讲课的状态，如果长时间没有讲课，你会觉得是不是讲得不够，有点空空落落的感觉。

今年因为疫情的影响，课讲得少了很多，但是今年增加了另外一件事情，就是在网络上直播的课多了很多。直播的课，我自说自话的情况还好一点，但是参加会议的直播就会比较紧张。

当然，更紧张的是像上一次在深圳电视台那样的一种直播，它用电视的方式来拍摄，现场又没有人，又没有听众，你又知道今天晚上会有很多的人在线上听课，是多得你感到惊悚的一个数字。这在网络上是可以查得到的，加起来有250万人在APP上收看，或者观看过这一堂课。后来电视台又做了配有字幕的播出，所以到底有多少人收看就没办法统计了。

数量会构成压力，当然，更大的压力是你自己的心理压力，反正每次你都是这样唠唠叨叨，反正你也习惯了。你听自己唠叨，听自己心里面各种各样的恐惧，有时候还会懊悔，比如说干吗要去做这样的事情。当然，你也会说，讲过一堂这么多人听了的课以后，会不会稍微释怀一点？好像也不会，因为讲完就讲完了，下一次课又是新的课，这好像有点命运感。

今年做得最多的事情就是"文质说"，8分多钟，每天都在持续，已经讲了两百多天，还会继续讲下去，我希望一直能讲下去。这有点夸张。我问我的一个徒弟他有没有听，他最后只好说没有听，因为他听了我十几年的课，也看了我十几年的书了，就怕我老生常谈。

人也免不了老生常谈，但是我努力每天能够有所针对性地思考一些新的问题，或者回应一些具体的刚刚发生的问题。也就是说每天的讲课，也努力让自己都能进步一点点，这是对自己的一种苛刻的要求。

当然，于是就变成每天都要想问题，每天都要思考有哪些话题，或者说有哪些新的见解，特别值得跟大家分享。就像一头特别勤劳的，也可能是特别愚蠢的毛驴不停地拉磨，磨啊磨，一直把石磨里面的粮食给磨得更精细一点。好吧，就是一头驴吧，像驴一样的劳作。

著名的诗人里尔克曾经描述过一个著名的画家，叫塞尚。里尔克到塞尚的工作室去看过塞尚工作的方式，说他的样子特别像一条狗。像一条狗一样，其实是在赞美他的专注、执着、耐心、忠诚等。当然，今天在中国说到狗也跟以前不同，狗的声誉正在逐渐恢复之中。毛驴呢？蠢驴呢？我们说驴的时候，它的声誉也在恢复之中。

总而言之，这就是一种劳作的方式。劳作的方式最重要的就是不要泄气，也不要前瞻后顾，不要想得太多，更重要的是要持续，要坚持，不要轻易放弃。你说呢？

2020 年 9 月 26 日

坐在院子里，听各种鸟叫

我坐在院子里，听着各种鸟叫，感觉到今天的鸟要比以前的鸟快乐很多。以前在我们乡间，曾经有段时间真是"千山鸟飞绝，万径人踪灭"，"人踪灭"是没有，但"鸟飞尽"是真的。房子周围是看不到鸟的，即使看到了鸟，也多为魂不守舍的惊弓之鸟，对人充满着恐惧，这大概是从上世纪 50 年代"灭四害"的时候开始形成的。

我相信，鸟也有了一种恐惧的遗传本能。当然，这不是我们所说的一般意义上的恐惧，它的恐惧是更为真实的。因为只要鸟出现，就会有无数的鸟枪等着它们。这些年，鸟慢慢地又回来了。在我们家的院子里所看到的鸟从容多了，叫声也悠扬舒缓了很多，真的是"鸟的叫声又像鸟的叫声了"。我时常一早被鸟的欢快叫声吵醒，它们在黎明时分就开始不停叫。说诗意一点，是为清晨的第一缕阳光在欢唱。当然，它的叫声一天都不会停下来，这也是出于各种需要，大概总有它叫的理由吧。我在想，鸟不会有人一样的恐惧——这个叫声能叫，那个叫声不能叫。人要复杂多了。

所有的人都有各种各样的预警系统，人能够说什么，总是跟他所预测到的，包括生活中已经出现的各种危险以及产生的警惕是关联的，人慢慢地形成了一个内置的警报系统。能说什么不能说什么，什么场合说什么，成了我们思维里比较重要的枢纽系统。但另一方面，从社会生态、人的精神发展，包括思想市场的形成来看，不能想象——社会发展到今天，我们会更加谨慎地去思索什么能说什么不能说，什么应该在什么场合说……

有一个笑话。当年里根见戈尔巴乔夫的时候说："我们美国很民主，所有人都可以骂总统。"戈尔巴乔夫说："我们苏联也很民主，我们所有人都可以骂美国总统。"哈，我们现在也可以骂特朗普，骂很多的总统吧。

实际上，处于这样的社会形态中，我们的器官是在萎缩之中的，我们的警报系统越来越庞大，越来越敏感。也就是，自我抑制的能力越来越强，所以使得我们思想的器官处于萎缩、衰败中，也变得更加病态了。今天也可以这么说，我们发现交谈的人（所有人可能都会这样想）越来越少了，因为没办法说真话了，哪怕是一些真实的数据，都是很有风险的。人们对沉默与谎言的默许，已经成了一种常态。

其实，还会有另外一种情况，让人逐渐地连对谎言也没有了警觉与辨别的能力，慢慢地，说的能力也会衰萎，人的整个语言系统都会恶化，最后就像邯郸学步一样丧失了语言原来的生机与活力，以及个性。

这一切，其实不太奇怪呀，我们每天不是都可以看到这种景象吗？我们耳边不是每天都充斥着各种各样模仿人的语言的假言吗？最后，那些说真话的人反倒会被人厌恶，被人唾弃，即使同情他的人也会对他的这种禀性感到困惑，甚至充满同情。不奇怪，也可能这样的语言的产生机制已经开始形成了。

2018 年 2 月 15 日

风景是你所看到的

我仔细听了一下刚才在空中做的录音，确实"嗡嗡嗡"的声音非常响，它肯定会造成整理时的困扰。我也尝试过了，就不必再接着尝试了。

其实，我也觉察到——当我讨论具体的教育现实的问题时，就忍不住会陷入一种自嘲的状态，我并不是可以如此，而是会情不自禁地用这样的一种方式来对待自己。它好像是比较恰当的，它比别的方式都恰当，如果真的还有别的方式的话。这并不是说我因此就深陷于绝望，或者麻木之中，其实我从未放弃——不放弃，并不意味着一种勇气，这是一种工作，这是具体的行走，这是被称为日常生活的生命状态。

当你说教育，当你说人生，当你说到任何具体的、真实的，你就在"那里"的各种各样生命现场的时候，其实当我在说的时候，我已经不在那里了，我已经抽离出来，我说的是我曾经看见过的，是我在看见时曾经思考过的一切，我就有了一种观察者的客观——我不是袖手旁观，我也确实不是能够具体地去推动、去改变的人。其实，我去回应一些具体的教育，需要我做的各种方法以及策略上的某些指导之时，好吧，我姑且仍然用"指导"这个词。我如何才能相信，所谓的指导是有成效的呢？

也许恰恰是我没有考虑这种成效，才能客观地继续做我的工作吧。当我去说这些的时候，还有另外一种效果，你去说跟你去写，从时间、从节奏而言，它是很不同的状态。当你去写的时候，它没有一种时间的紧迫感，没有一种马上要完成的线性的催促，而当你去说的时候就不一样了。你好像要更连贯更有系统，就好像一直是逗号，你必须一直说下去，直至说完为止。

好吧，这是一种考验，这是一种转换，不，是用嘴巴来思考。其实嘴巴是不会思考的，嘴巴只是会言说，都是你的大脑在思考，可能有时你的胃、你身体的其他部分也参与到这样的一种思考之中。

我总是会更多地想到，作为具体的肉身的存在，只要仍然倾注在这个世界，你就可以感受到它的光芒，它的色泽，它的气味，它的各种景致。你从很多地方经过，这些经过、这些观察，这些你从感官里所获知的零零碎碎的信息，与你对世界完整的理解是紧密地关联在一起的。好吧，我仍然会因此保持某种感恩之心，常常也会带有一些自我的怜悯。它还会使你继续去安排自己的生活，继续去完成各种各样的日程，去见识更多不同的人。在不同的场境里，你就出现了——你既不相同又完全一致，无论说什么，都是你在思考。在这样的一个时代，挺好的。挺好的，就在当下吧。

慢慢地，你认可了这个世界，你就没有什么好沮丧的。尽管，有时你会想到一个人精神的自由，一个人对世界富有安全感的把握，那是多么美妙的事情，但是这样的一种感触，它本身也是浪漫主义的一部分。好吧，其实你并不需要想那么多，不是说——你只能肤浅地从地面上飞快地掠过，而是对所有的生命而言，不就是用自己的方式去经过吗？

前两天在西部某个城市，飞机降落的时候，我看到大地上成片成片的油菜花，自然有一种喜悦之感。同时又看到在油菜花的边缘有一些荒废的土地，更多的是污染的河流，还有就是怎么看都像打着补丁的建筑。这里，我想找的不是一种平衡，也不是从中做出的各种取舍，只是这一切它都是真实的，以自己自然的方式存在于那里。

当然，这样的自然也是被造就的，被理解力、被虚伪，被具体的发展水平，被各种自然的限制等，具体地安排着你所看到的景致。看到就挺好。看到了，就意味着你确认油菜花是在这个季节盛开的，尤其是在阳光底下，它的色泽……我怎么形容才好呢？它确实是一种充分的"黄"，密集的"黄"，它就是那个样子。每年，它都是这个样子。确切地说，只要你种下了油菜的种子，到了这个季节，它就充分地开放了。

有人把它称之为风景，好吧，所谓的风景，就是你所看到的这一切。有时候我也会觉得所谓的"你看到了，就是不虚此行"，哈，这是一种稀薄的抚慰。就像你在这样的时代，你看到各种荒诞剧，你看到的也是一种稀薄的抚慰，同时它多多少少还有一点残忍。

2018 年 3 月 17 日

抓紧生活，享受春光

亲爱的朋友，我昨天晚上从绵阳回到了福州。在路途中，我做了三次录音：一次是在从福州到绵阳经停武汉的机场候机厅做的，另外一次是在从武汉到绵阳的飞机上做的，在武汉到福州的回程途中又做了一次，在飞机起飞前。我觉得挺好玩的，就把这些闪闪烁烁、灵光乍现的思考给记录下来了。

昨天晚上回到家，我就想着今天要回到乡下的院子里坐一坐，看看院子里的春光，喝喝茶，呼吸一下自家院子里的空气。下午还会到江边的一个公园走走（原来是国宾馆，现在改成了酒店），那里有不少原生的树木和花草。我刚冒出来的句子就是——抓紧生活。很多事情还是要抓紧去做，不能等着明天，一个又一个明天，不断的明天。人其实在所有行为里都有一个麻烦在于我们会有一种认知障碍，这种认知障碍也包含了对生命虚妄的理解力，总以为自己可以一直活下去，总以为自己身负着伟大的使命，总以为自己可能是千古一人、千古一帝。

今天台湾地区的李敖去世了，他也是一个极其狂妄的人，他确实非常聪明，年轻时很有勇气，好斗，喜欢捣蛋。但我对晚年的李敖，以及李敖对待女性的态度是极其厌恶的，我确实觉得他越到晚年越像一个有趣的小丑。当然，人总是要死的，无所谓挨不挨刀。我想的是，李敖身上也有一些聪明人避免不了的狂妄与虚妄。这种认知障碍，是一种人类普遍的精神疾病，特别是在拥有权力的人身上，这种认知障碍会变成一种可怕的灾难。

昨天我看到一个人谈到教育变革的一些观点，就在自己的微信朋友圈转了一下。我就说"某某先生是一个很会讲笑话的人"，有时候一件很严肃的事情产生极其滑稽的效果，是由于认知障碍所引起的，会有一个造就笑声的致力于理解力的落差。也可能生活在这个时代，我们最大的快乐便是——对，是的，是跟小丑、跟智力的偏执狂共存共舞。我们看着他们的表演，他们都是很厉害的本色演员，他们很多时候在造就灾难，但同时也给这个世界带来不少乐趣。

当然，我们如果仅仅是用看戏的心情看这一切，不免失之浅薄。有时候对普通人而言，认知障碍还在于——其实你已经看到很多的事实，而这样的事实与事实之间所构成的一幅清晰的路线图，它已经昭示着最后的结局了。但是很多人仍然会这样理解：一种认为"1+2+3+4……"一直加上去，最后会得出一个负的数来，或者说负的数相加会得出正的数来，因为他们认为"负的能量集聚在一起是为了最后造就一个正的能量，似乎这个造就者是最有智慧的人，是最有担当的人，是最能忍辱负重的人"。哈，这样的一种见解也不奇怪。还有一种见解认为，那些在你看来奇怪的逻辑并不奇怪，而是看的人是奇怪的，看的人是缺少大智慧、缺少大局观的。这同样是不奇怪的，因为在任何的"看待"后面，也都有各种各样不同的利益在指引着一个人作出判断。

在很多情况下，你总是会说"时间是最好的评判方式"，其实这个时间，不是指短暂的时间，有时它是需要有长度的。这个长度，长到我们今天做评判、今天提出见解，其实是没有人能够给你答案的，答案很多时候在极其遥远的未来。从这个意义上说，答案已经不再重要了。所以真正检验一个事实，其实并不是以结果，有时是用逻辑，有时是用共识，有时是用历史的经验来做参照。但不管怎么说（又回到我刚才所说的），赶紧生活，抓紧时间生活吧。

比如现在春光正好，无论站在哪里，都可以看到郁郁葱葱的乡野，四处都是景致。我记得前两天在绵阳时，有一位朋友很认真地问我："福州真的没有雾霾吗？福州连冬天都没有雾霾吗？"我说："是的，这么多年，大概有一两次的雾霾吧，也是在几年前了。当然，有没有雾霾的标准也是偏低的，那我们就用目前现行的标准说吧，这几年确实没有雾霾。当然，我不希望有一天福州也笼罩在雾霾之中。"

抓紧生活吧，抓紧呼吸春天没有雾霾的清新空气吧。

2018 年 3 月 18 日

你要配得上现在的生活

现在我已经置身于家边上的鲤鱼洲公园了，上次已经来过一次，拍了很多的照片，这个地方真是让人流连忘返。今天的温度特别适宜，24 度，这会儿没有太阳，看到满树都是新长出的叶子，特别是这里种了很多的香樟树，叶子非常好看。有的是嫩绿的，有的是深红色的，应该是不同品种的。其他的树木也开始生长出新叶，草地上的紫云英开花也非常漂亮。刚才还看到了孔雀开屏，据工作人员说，这里的孔雀很少开屏，但今天孔雀显得非常热情。

置身于美景之中，我以前经常会有一种羞愧感，就是风景所产生的一种精神压力。因为置身于景致之中，你总是一个享乐者。作为一个有点精神洁癖的人，我常常觉得自己配不上这样的一种景致。陀思妥耶夫斯基曾说过一句话"你要配得上你所受的苦难"，反过来也可以说"你要配得上你现在的生活"。

刚才我妹妹跟我坐在湖边的长椅上看风景，走过来她的一个熟人。这个熟人曾在某一个县任职，后来向县里的华侨募集了一些资金，包括当地企业家给了一些支持，这些钱是要给老家修路的，但是钱没有直接交到村里，而是交给了他父亲来操持，于是当地的村民就觉得有猫腻，也觉得路修得并不好，据说是被告发了。

这类事情，其实也是生活中时不时会遇到的。有时在某些法律还没有成为我们内在思考边界的地方，或者说在权力有时有太大腾挪余地的时候，到底是什么在限制着我们，或者说什么在提醒着我们呢？可能我们童年的生活状况，包括父母对我们的提醒，就显得特别重要。有时贫困确实也是某种罪恶，因为贫困会使我们变得贪婪，贫困使我们像"一直有一个饥饿的胃"一样，总是对食物充满了强烈的欲求。

刚才我说到这种羞愧感，有时会使得你想享乐的时候不够到位，总感觉到好像有很多的社会责任在鞭策着你。好吧，我现在当然会努力克服这种情绪——我就享乐吧，我就在大自然中陶醉吧。因为这并不是一种非分的生活，也不是对他人资源的侵占和掠夺。

前不久还有人问我，说你在很年轻的时候就有一种决断。这个决断也就是——远离了某些可能更有权力的工作的可能性。我说，其实我也并没有那么深刻地具备了独到的远见，我只是觉得心性使然吧。但是今天会想到，一个人能够有幸地远离权力，这真是一件妙不可言的事情。

我就做一个卑微的人吧，做一个边缘的人，做一个絮絮叨叨说着自己生活与见识的人。去看风景的时候，我要带着使命；在享受生活的时候，我就像白痴一样的享受吧。我说的白痴，并不是一个贬义词，白是清白，痴是痴迷，哈，清白而又痴迷的人。好吧，可以享受优先权利，叫作"白痴优先"。昨天我还写了一个很有意思的句子："如果你知道谁是白痴，你最好不要写出他的名字。"当然，我说的那个白痴是另外一种，是智力有某种缺陷的人，这种人存在一些先天的结构麻烦，要改善它其实不太容易。但问题在于像这样的人经常还会扬扬得意，他哪里会知道自己是个白痴呢。

我记得我上大学时除了文学作品，还读过《第三帝国兴亡》《病夫治国》《美的历程》这些书，在思想上确实产生了极大的震撼，说起来那时也就十七八岁，在似懂非懂之间、在禁锢与开放的边缘，广泛的阅读才是最为重要的"精神打底"，所谓的生命成长离不开"此时""此身""此境"，这已是一件幸运之事。

2018 年 3 月 18 日

重回诗意灵动的生活

住不同的酒店有完全不同的体会。有些酒店你甚至都不太愿意早早地回到房间里，就想着差不多要睡觉的时候再回去吧，但有的酒店会让你怀念，你会喜欢它。同时，我还想到一个比较有趣的体验，有些酒店会让我很安静地坐在桌子前看书写作，有些酒店让我很愿意坐在那里泡茶，哪怕只是一个人给自己泡茶，感觉也好极了。

当然，我最喜欢的还是后面能够看到树木，或者靠近山边的酒店，看着无尽的郁郁葱葱的景色，就像大家说的，人的心会安静下来。其实，人跟大自然的关联首先是一种本质性的关系。人出自于大自然，人生长于大自然，人也是大自然的一部分。尽管你被各种各样的方式与大自然产生了隔离、隔阂，甚至冲突，但是一旦回到青山绿水，你就像是回到了自己生命中最诚恳、最甜蜜的生活。

我有时也更愿意顺从自己生命的节律去思考问题，去看这个世界，去体察人情，或者就是读书的时候，我也希望读出"山的味道，海的味道"，读出写在作者生命里所流淌过的河水的痕迹，汗水的咸味。所以，慢慢地会产生一种新的认同——认同自己的无名、卑微、微小、沉寂、孤独，等等，这一切。

有时还会觉得在一个适合阅读的房间，在适合胡思乱想、沉思默想的桌前，有很多的情感首先是跟这样的环境相一致的，比如在这样适宜的环境里，孤独是美好的。但在一个繁华的，总是散发着异乡气息的城市，有时真的像张楚歌中所唱"孤独的人是可耻的"。当然，没有人去深究为什么城市更容易让人孤独，为什么城市里的孤独就是有一种颓废、腐败、反动的气息。

你看，这会儿我在房间里就可以听到布谷鸟的声音。今天很有意思，清晨在我自己家就听到了布谷鸟的叫唤声，我是被它唤醒的。现在我在宁波市北仑区梅山一家叫"梅苑"的酒店，我也能很清晰地听到布谷鸟的呼唤。这些年，布谷鸟好像增加不少。走到树林，走到安静之处，都能听到布谷鸟的叫唤声。我早上还在想，布谷鸟的叫声真是很奇怪，有时觉得很凄凉，有时觉得很空妙，时近时远，或东或西，你几乎没有见过这类鸟，这类鸟不是给你看见的，布谷鸟是使你安静的。有时在它的叫声里，你就照见了自己的面容，好像你也在叫唤着什么。

我现在越来越多地会想到自己正迈入老年，这需要转化一种心境，需要渐渐地、真实地慢下来，需要有很多不动的时候，同时又保持着某一些灵动、灵觉、灵气。"灵"这个字很有意思，我曾经查找过以"灵"组成的词语，大吃一惊，数不胜数，令人惊奇。好吧，我这会儿说的就是——哪怕在某种孤寂的时刻，也能察觉出自己的灵府微微地松开。

哎，大概每个人渐渐地都能更多地认同自己吧，总是会有更多人学会了对自我的认同。如果要用一种描述的话，我觉得我又回到了一种诗意的、散文化的生命状态。

2018 年 4 月 12 日

"句子主义者"的执着

有时候可能因为是太疲劳，睡下后感觉特别沉，上床时也会有些担心，担心什么呢？呵，醒过来发现自己还在这个世界上，有一丝甜甜的感觉。经常会想到，确实有一些人由于劳累过度（或其他原因），就在睡梦中离开了这个世界。时常也会有类似的情绪，在睡眠即将开始的时候在脑袋里不停闪现。

其实，这也好嘛。早上醒过来，觉得身体恢复了活力，一切都还在。另一方面，我姑且这么说，因为我有比较好的记性，很多往事历历在目，好像脑袋是个百宝箱，无论想到什么，都可以连贯地不停地想下去，所有的情景都好像保存在那里。

记忆真是很奇妙，你会不断地回到那里去，但是那一切又保留在那里。有人说，其实只有死亡才是最重要的命题，只有死亡才是最伟大的哲学，只有死亡才有最重要的意义。生命的紧迫感、紧张感、无助感与虚无感都是与死有关的。当然，这样的命题会带着你去看今天生活的世界，它所发生的、正在发生的、还将不断发生的。有时我会有另外一种思考，也就是——其实一切都无足轻重吧。就像你在手掌上吹一缕羽毛一样，"呼——"一口吹过去了，生命很多时候大概也就如此吧。

我们不可能不为不断发生的事件所牵连、所裹挟，去做思虑，我们总是有诉求的，也会从中形成自己的立场。当然，还会去做各种各样的表达。但是，你又会抽离出来，就像一个完全陌生的旁观者那样看着自己，在那里反反复复折腾。你会想到什么呢？我有时会想：可能的话，留下一个句子，比很多艰苦的折腾是否更有意义呢？我是一个"句子主义者"。其实，很多思想也都会转化成句子，很多情绪、疼痛，都会转化成句子。

我确实是希望这个句子能留下来，因为留下来就有留下来的意义。比如我们去阅读的时候，我们受什么感动？我们受一个句子感动。那个写作者，不也是为了让那些句子留下来吗？终究，一个宏大的时代，可能也就是形成了一些句子。我这样说，并不是用一种逃避的心情去漠视自己的责任，而是我从死亡那个重要的命题里不断得到启示：今天我们最焦灼的，也许明天就不焦灼了；今天最沉重的，也许明天就失去了重量；今天最无解的，也许明天就变成寻常的、不再有任何困难的、人人都能解决的一个问题。但是，你仍然要活在今天呀，你知道所有的轨迹都是固定的，但是你不知道什么是轨迹。呵呵，只有走过的轨迹，你才知道它是那个样子。

也许，这就是上帝所设置的一种情境，他是要把人放在这样的情境之中的。人在这样的情境中，才真正地算活过了。它并不会赋予你活着的意义，它也不会在更大的意义与更小的意义之间做出一种评判，它只是赋予你活着、活过了。当你还能细细地去经历这一切，还能把身体都放进去体验这一切，就尝试把痛楚与快乐都从中逼出来，用最质朴的语言说："那是美妙的一种爽吧。"

当然，我会试图说得更为复杂一些，我会试图有一种自己的表达，有一个自己完成的句子。很多时候，我都希望自己不停地絮叨着，就像从身体里抽出的丝一样，没完没了，可以一直抽着、抽着……

2018 年 4 月 25 日凌晨

湖边的一块石头

坐在湖边看着树，要看得足够久，才能看出树的样子来。听得足够久，才能听出风中不同的鸟叫声，还有其他一些初听嘈杂、细听却美妙的不同的人的声音。同时，你还要凝神等待很久，才能闻出空气中的湿润气息与草木清香。

这个季节的花已经过了最香的时候，也可能花儿这会儿不在我的身边，但因为我坐得够久，远处的花也会把它的气息送到我的鼻腔之中。恰巧是傍晚时分，突然看到湖边的灯都亮了起来。虽然天光还很明亮，但灯光、天光与湖光相互交映着，显得格外安静。

今天上午饶有趣味地写了一个句子：天将降大任于斯人，必肥其脑丰其腰夺其智猪其脸，呜呼。我不是要博你一笑哦，你知道我模仿的是哪一个著名的句子，戏仿有戏仿的味道。我的一个诗友说，要把"天将降大任"改为"天将降大祸"，好吧，也许他说得对，但我真的没有那样想。你也不要做过度的阐释，尽管有的人看到这样的句子连点赞的勇气都没有。那些丧失勇气的人，同时又把自己的怯懦告诉于你，这大概也是一种勇气吧。这句话我其实更多是对自己说的。

有大任吗？无大才则无大任吧。如果不是乱世的话，大任又有何意呢？但是，你仍要警惕，警惕你的脑满肠肥、大腹便便、情智昏昏、粗鄙不堪，生活中一定有不少这样的面孔吧。我经常会这么觉得：一个人如果越长越丑，就越是不值得信赖的。

可能他从不阅读，可能他百病缠身，可能他利欲熏心，可能他生活在各种权力与利益的挣扎之中，可能他远离了真挚而简单的美好。你可以找出无数的理由，最为核心的就是——他不再浸润在真善美之中。这样的人，你信赖他干什么呢？我说这段话倒是有感而发的。

那天我看到几年前就声名鹊起，一个号称现象级的以国学的方式传播宇宙真理的女神，她在讲完课后别人给她拍了一张照片，我真是大为吃惊。她丑得似乎就像百米冲刺一样，一点都不谦逊啊。其实，一个经常自我省问的人，每天都会向着镜子中的自己深深地问询。如果你忘了这一切，你便生活在可怕的危险之中。除非你一切都不在意，只在意各种贪欲的满足。

我现在仍然坐在公园里，这个公园在傍晚的时候是最美的。当然，你要坐够久，才能体察这一切。有时还有另外一种情况，就是你每天只是漫无目的地走来走去，你免不了熟视无睹，免不了忘了自己为什么在这里走。它真的又是一种无目的的合目的，既无目的的又合乎目的的。这个时候，大多数的人都是很闲散的，无论他走得快还是慢，都显得安详与宁静。

我刚才在路上碰到很多人，只有一个人让我有点感到惊异，因为他是我所见到的人里面表情最为严肃的。他脸上的纹路，完全是按照他的严肃自我设计的。我就在猜想，他到底从事着什么职业，他都有什么样的经历，才慢慢地把自己长成了这个样子。

好吧，我继续坐吧，继续坐在这里，继续坐在湖边的一块石头上慢慢看吧。

2018 年 4 月 25 日傍晚

命运的标签

前阵子在杭州见到作家周国平，他 1945 年出生，看上去特别年轻，穿着也是年轻人的样子，十分随意的 T 恤长袖、牛仔裤、便鞋。我夸他特别年轻，问他是否有这个道理在：孩子越小，父亲就越为年轻？他说大概是吧，因为不敢老呀。可能太太年轻，先生也会显得更为年轻，这里面存在着某种微妙的对应性。

周国平说自己家族有长寿的基因，其母亲已经过了 100 岁。衰老其实是身体性的，但是身体性的衰老也可能会更慢一些，更不易察觉，它需要一段足够长的时间，这是一个缓慢的过程，最后才到达真正的衰老。但是精神性的衰老可能是来得更早一些，人过了中年以后身体稍微有些疲倦，就可能会觉得我已经老了。面对一些重大抉择的时候可能会退缩，因为你会想到自己已经老了。面对一些特别困难、特别艰难、特别折腾人，需要持久投入的工作，你可能也会隐隐地暗示自己：我还能做这样的事情吗？

这种消极的心理暗示，它是身体文化的一部分。一个人精神的沮丧，不在生活中继续对新奇事物表现出一种热情和向往，大概衰老总是会提前的。就像有人说的，有些年轻人可能比老年人还要老。保持一颗童心，保持一种生动的趣味，保持一种自然的生活方式，真的是妙不可言。

我想，在一个令人焦虑，同时又让人以为焦虑望不到头的时代，精神的衰败可能会成为特别普遍的现象。很多人既不能把热情投注于健身、旅游、探险，又很难在某个微小的劳作之中全神贯注、一往情深。

政治是一个最大的焦虑，太多的人每天的兴奋都在政治上，这是一个时代的不幸啊。也可能是多年前我突然明白的某种可能，就是这种焦虑是维护稳定的一种手段。焦虑、恐慌、无助都使你深陷在思想与情感的危机之中，看上去你是在关心政治，但是你根本不可能参与到变革之中。这是一种"很美妙的消耗"，也可能是有人设计了这样的方案。从这个角度来说，你就会明白为什么会不断地抛出议题，为什么会不断地有社会事件"恰到好处地发生"，同时又被另外一个事件"恰到好处地覆盖"。

你以为某一些事件具有启蒙价值，其实这是一个错觉。因为没有公开的辩论，因为无法探究事实的真相，因为最后都是无疾而终，它们只是消耗了社会中的各种能量而已，而后不断地周而复始。

你渐渐地就发现，热情也减弱了。其实热情减弱，本身就是失去了对更好世界的期待。有很多人会龟缩在一个柔软而又牢固的壳子里，这个壳子往往有两个标签：一个标签叫命运，另一个标签跟命运有关，又超越了命运，超越了天命的成分，就是对世俗世界的屈服。

2018 年 4 月 26 日

弱者的武器

有一件我童年时发生的事情，我在我的第一本书《唇舌的授权》里已经对它做过记录，时至今日，我还是会时不时地想起来这件事——

在我童年的时候，村里曾经发生过一件匪夷所思的事。村里有一个木匠娶了一个媳妇，媳妇性情极为暴躁，每天都会发作一次乃至数次，不是打骂孩子，就是与公婆或邻里发生冲突，每天都是鸡飞狗跳。周围的人都对她惧怕三分，她老公也拿她毫无办法，长期忍气吞声。村里人都觉得这个木匠太懦弱了，背后也多有议论。木匠几乎抬不起头来，这甚至影响了他的木工生意。

有一天傍晚木匠回家，又见老婆在院子里指桑骂槐，怒气干云，两个孩子则在号啕大哭。木匠放下工具后，一句话也不说，把关在鸡笼里的鸡一只一只抓出来，而后抓住鸡腿用力一撕，鸡当场毙命。就这样，他把鸡笼里十几只鸡都用如此方式一只又一只撕开……他老婆起先并不知道她老公要做什么，当他撕第一只鸡时还在大喊大叫，随后就变得没有声音，最后是无比惊恐地看着自己的丈夫。从此之后，木工的老婆就变得老实多了。

现在我想起这件事情，都觉得像一则寓言，尽管它在我们乡村里真实地发生过。有很长一段时间，这个故事在村里被添油加醋地传播。我现在明白，这位木讷隐忍，对老婆无计可施的木匠，尽管他的木工技术相当高超，但是在世俗生活（尤其是在家庭生活）中却是一个弱者。至于他在家庭中是怎么成为弱者的，大家可能从来没有去细加审视过。

简单地说，背后的原因可能极为复杂。但弱者的武器是很血腥的，他这样的反戈一击，确实有巨大的震慑作用，可是他是以牺牲更弱、更无辜的小鸡的性命为手段。这个场景，有可能会一直留在我的记忆之中。当然，在很长时间里，我经常会思考弱者的话题。我无意于把这样的话题扩展到更大的范围里去讨论。我有时想，弱者还会有什么样的武器呢？也许，弱者可以活得更长寿一些，弱者要努力活得更长久一些。长命，既是一种祝福，它也包含了某种福分吧。

寿者多辱，它说的是现实的一种窘境。但另一方面，长寿也可能等来世道的反转。你的仇人，你痛恨的人，你渴望改变的一切，终究能够发生变化。当然，也有一些弱者始终保持沉默，他给自己制造坚硬的壳，龟缩其中。沉默，也许是有力量的，但这是一种屈辱的力量。

就个体生命而言，沉默是难堪的、是不幸的、是疼痛的，也是软弱的。但是如果有十个人都保持沉默呢？有一百个人保持沉默呢？有成千上万的人保持沉默呢？推扩出去，更多的人（几乎所有的人）都保持沉默，它就不是一个人的隐忍和懦弱，它意味着抉择，它不参与、不认同，不以为然，嗤之以鼻，它构成了爆发的前奏曲，让人感受到火山般的力量。

还有吗？还有像八大山人一样善作青白眼，大概也是一种吧。这是不容易的，尤其是在众目睽睽之下，尤其是需要正面回应之时，它根本就是一种立场、一种态度、一种生命的方式。还有吗？当然肯定有，比如说笑声、大笑。就像《皇帝的新装》里的孩子那样，他不仅说出了真相，他还用自己的笑声让所有人感到羞愧。笑是喜剧的一部分，又何尝不是悲剧的一部分呢？笑，先是喜剧，然后也能够成为悲剧。

也许，世界上就不存在弱者，当一个生命能够从觉醒中作出抉择的时候，就不再是一个弱者。只有逆来顺受、自我分裂、言不由衷、懦弱低能，那才是深深的弱者。这样的话题，也可能在宰制文化中是广泛存在的。我时不时就忍不住提及它，思考它，我并没有为这个话题做出任何贡献。现在也不再展开了，这只是再一次地对自己报以深深的同情。

2018 年 5 月 7 日

越来越稀少的天真

今天看了一部电影，片名翻译过来叫《最爽的一天》。电影里有一句台词我印象很深，就是主人公得到了一张纸条，上面写着"今天是你余生的第一天"。我自然地就想到：人到中年以后，其实要把人生的"生长规划"改成"余生规划"。

生长是朝向无止境，而余生则像倒计时。你要想使生命过得更有意义、更有目标、更快乐、更爽，也许是需要有一些规划的。人生本身是很散漫的，尽管谁都知道所谓的人生有"死的岁月"，死亡在远处等着你，但大部分人仍然还是过得很散漫的。或者说，慢慢地就松垮下来。

我这两天一直在思考农耕文化的一些有趣的话题。农耕文化，当然是一个重大的革命，它的逻辑是跟土地、作物有关联的。也就是说，地里的作物要长得好，有一个好收成，一定需要有更多的投入。你投入越多，庄稼就长得越好。你没办法说你的投入达到了极致，于是你就会愈加不断地投入。也就是说，庄稼与收成其实就把你捆绑在无休无止的劳作之中——你希望获得更多的投入，过上更幸福的生活，其实你越来越多的投入与越来越艰辛的劳作却使得你离幸福越来越遥远了。

农耕文化，它遵从的是土地与节气的规律。这种规律，它是一代又一代人在不断的劳作过程中总结出来的。所有这一切，它转化成了一种文化，包含着规则，包含着对土地的敬畏，它变成了一种生活常识。慢慢地，人就无法从这一切之中挣脱出来。同时，它会影响人的思维、人的价值判断，以及人对各种关系的理解，人会不由自主地形成一些意识，从而形成各种情感反应模式。很多时候，你都难以克服。

比如从收成的角度来说，农耕文化是相信付出，相信勤奋必有回报的，但是同一块土地上的回报总是有所不同，慢慢地你会在意别人获得的回报。慢慢地滋生种种忌妒与不平。而你所忌妒的人往往首先是你周围的人、熟悉的人，甚至是你亲近的人，这真是一件麻烦的事。最后你会发现，就像我们今天所理解的那样，这种忌妒被当作一种原罪。从宗教的逻辑来说，是先天决定论的。就是生来即如此，根本没办法，并不是后天形成的。但从农耕文化逻辑来说，它是一个生长的结果。

当然，两种逻辑都有它的依据与理由。决定论的逻辑最重要在于信仰、信从、认定；发展论的逻辑在于寻找发展的依据与理由。作为一个具体的人来说，人身上那些情不自禁的、不由自主的，无法克服的、伴随终生的这些复杂的情感、思维与判断力，其实就构成了人性的这种多维与丰富。

我最近经常在思考一些问题，比如有的人特别激烈，有的人就像我们常用的一个词"疾恶如仇"，我会想，所有这些激烈的情绪其实都是一种麻烦。在疾恶如仇的时候，这种愤怒、敌意、激情，它不单是一个价值观的问题，也是一种极端的方式。可能作为推动力而言，它还不仅是价值观所导致的。

我今天在整理一些照片的时候，看到以前一些诗歌活动的资料，有一个直观的感受（包括在我身上）：那些天真确实变得更为稀少了，却多了一种老年的状态。当你把什么问题都想一遍的时候，其实就是一种腐朽，这恰恰是我现在经常做的事情。

2018 年 5 月 7 日

2019 年第一天，扮鬼脸

2018 年，最后的几天，寒冷，宁静，微甜。

有无数哀伤的岁月，让人惦记乡村的草木，在那里挂在树上的都是过往的记忆。

今天我第一次使用了"亚自由"这个词。有谁用过吗？

只要待在家中，我都服从于热诚的睡眠，梦中无所用心。

昨天，连连告诉我，他的老师 92 岁了，生无可恋，常常不愿起床，不愿见人。每次不得不见人时，告别时总要说一句："这是最后一次了。"连连问我，现在还有人听我的电话吗？我说，我不挂电话了，而各种聊天工具本来就是透明的，民兵们讨厌的人满山遍野，令他们缩短了自己的寿数。

不得不说，有许多的活，特别的费力气。真正的诗人，必须短命才行，我要的却是活命、乐生。我把注意力转向了随性的书写，一种养生疗法。

我把自己变得无毒无害，不为谁，因为我的力气已经不够用了，我也懒得去想那些无趣者又在忙什么事。即使把你、你们，都挂在墙上并放大一百倍，那又能怎么样呢？蠢人就是对自己也会造假："今天我又上升了一百个高度。"

这两天连连告诉我的他朋友孩子的不幸事件击垮了我，这孩子去年保送去帝城那所大学，没多久便跳楼了。

灾难的声音穿过黑暗的海底，把呻吟留在波涛之中。脱离梦想的人，难道是把每天的生活变成了一个梦？哈哈，继续想象，总之我真心希望这世上确有一个制造与筛选梦的机构。

人们在各自的梦中，会不会像真实的生活中那样，彼此听见对方背诵的誓词，忠诚、自信、永不，等等，直到声音和身体都在微微地颤抖？那些毫不刻意写下的字迹，浅浅地留在纸页上，再一次阅读时，依然想不出当初为何要留下这些。

有时我也会去打听某个机构的生存前景，就好像这一切仍与我有重要的关联似的。我知道有一些事全然出于一种习惯，有一些事只不过在某种场景中成为一次谈话的由头，很简单，这一切都不过分。

有人说，几乎所有人谈到自己注定终生平凡时，都会心有不甘。好像有人专门挑选岁末年初作为一种话题，"事关生命的无能"。用于忧伤，用于缅怀，用于落寞，用于各种仪式。

这一年（不用想象是哪一年），人们对研究极权思想的社科书籍兴趣大增，这一批读者似乎也包括我。不过我从来没有减弱过对这一类问题的关注，或者可以说我最大的兴趣一直在于此。人类有一部分的热情，就是耗费在各种挣扎中。

每个人内心都有各种各样的预测，我正是由于种种预测，而难以克制自己的沮丧，理解我的人就懂得我适宜用粗放的方式来对待，不必太在意我习惯性的沉默与无趣，有时喋喋不休，有时一言不发。

今晨我又想，或许谦卑的方式适于救自己，也非真正得救，而是在各种柔软、退却、自我改善中，把时间磨成水，有所不为才是第一步。若一定要用上很格式化的表达，我紧接着想的便是"非左"的反对方式，无论你反对的有多么荒诞，且不躁不急，静观与仔细思量，并从自我的内心建设做起，就像每至新年便要翻出"哈维尔的新年致辞"读一读那样，新一年若不能写出各种难堪，你便自欺了。新的一年，实在不必期待"速朽"之类，继续苦熬、打坐，欣欣然于还能做，尚可呼吸，尚有洞穴。

由此，再说说我做的教育，无论是哪一个方面，都可以将之归结用心于对人的影响，没有也不可能，甚至想都不想面对权力。所有的依据便是相信人性、人心、良心，相信"小"，小人物的教育学。我知道自己已经过去的岁月里写满反骨，还有各种的反对之声，都同时内在化地确立了自己，唯恐还有残余的媚态。

记得在"那一年"之后，我敬重的老师就告诉我，已经开始的新的统制，全然不同于过去那十年间的。尽管那时也粗糙武断，错误迭出，但仍然有一种激情与对更好世界的期望，但现在，实际上已经不存在这一切了。不管它是否仍像过去一样以同样的方式表达。其实怎么表达已变得不重要了，重要的是，此后是万劫不复，是朝着地狱的狂奔，直到有一天，一切都毁灭为止。我的老师又说，其实我也在那个地狱之中，就是下到 18 层，我也要诅咒把这一切扭曲、全然扭曲、全然毁掉的那个人。而这些话说过了 20 多年，仍然时时又从我心底浮现。

现在能够明白的只有一件事，你对自己的责任，你对一些具体的个人的责任，也许只有此时，你既在恐惧之中，又在恐惧之外，你怎么退缩都不可能有第三种状态出现。

持续降温，天寒山河冷。

2019 年 1 月 1 日

2019 年，窄门

我用讯飞语音记录下了自己的文字，科技使笨人也用不着费那么多的神。想起哈维尔给胡萨克总统写了一封公开信，虽然"说出真实总是有意义的"，但是如果邮寄不出呢，这是哈维尔担心的事。现在完全用不着了，要担心的只有唯一的一件事：你是否有这样的勇气。我肯定没有，我"质疑自己"，同时"肯定不是一个乐观主义者"。

我不是由于哈维尔后来的处境就认为胡萨克似乎有点心慈手软，这样的判断是没有意义的。那是捷克（斯洛伐克），那是 1975 年 4 月，那是哈维尔没有碰上另一个实际上也寄了公开信的人，后来，很多事实在教育着人的成长。只有"自由的，才可能是放任的"总是要列在所谓的勇气之前，正如哈扎拉尔所说的那样："请原谅我曾经是个胆小鬼，现在仍然是。"不是你这样说就够了，实际上你要做的比这多得多，"我不是要让你沉默，你可以继续说，甚至比以前说的还要多，不过你要知道谁在听"。寒冷常常会促进我的思考，似乎别的能力都被冻住了，只有饶舌还没有。

今天丁零就问过我："你是个教育研究者，为什么总要绕开教育去谈论别的问题？"我说我并没有把教育从别的事物中划分出来，我所面对的其实只有一个问题，即人的问题。所以，我定然可以从所有的话题出发，最终又收束于教育。

今天收到最温暖的祝福，是一位南京一年级小朋友的画，一支马克笔，心有所想，下笔成天籁。他要为我的新书画插图，我要写一本对得起他画作的书才行啊。

孩子能够拯救世界，但是有的人早早发现了这个秘密，在孩子正式飞翔之前，就剪断他们的翅膀。这导致他们中的一些人走上了寻死之路，导致他们中更多的人变得呆滞、麻木、恐惧，陷于绝望。

也许世上真有一条"法律"是针对儿童的：只有你变得像你的父母一样，你才能走进成人世界的窄门。

2019 年 1 月 30 日

和解之树

有人问我：你怎么有这么多的发言平台？我说它们既有统一的审核标准又略有不同，更重要的是你要为可能的封禁先留一手，我常常是多虑了，我并没有那么多经不起"审禁"的言论，也只在两个平台上被封过。还好，并没有留下太多的伤痕。

人们开始使用新造的词，独创的字，开始写病句、密语，用奇怪的符号。封号与禁言，带来奇特的创造力，在这个世界里有可能会连愤怒也消失了，只剩下戏谑与自嗨，它甚至是一个"1985"，仿佛是从"1984"生出来的怪物。

慢慢地，很多人生活在既恐惧又兴奋的这个"1985"的世界中，"乐不思蜀"。我这样的想象似乎也有点不正确，我就姑且随便乱想吧。其实这完全是言不及义的乐观，如若真有"1985"，那也是极为平庸和残酷的，比如我写到这一类词时，就会冒出一个真实的人的样子来，他在我眼前晃动个不停。

人总是会进入老境，我觉得最先到来的是记忆力的衰老，我现在几乎记不得 2018 年读过的书了。仿佛那时就没读过书似的，太可怕了，光是这件事就令我沮丧。我真是"成熟得回到童年"那里去了。

如何才能记得一句又一句呢？只有把它们抄录下来并反复阅读吧，为什么还要坚持着做这一件事呢？

　　一个人需要不断地为生活找理由，这样心里才能变得踏实一些，这种想法也可以被看作复古的腔调，没有办法，信从的人把它看作一种原则。当我被困在各种纷乱之中，唯有找一件我最希望马上就去做的事情，才能把我解救出来，我得给自己安慰。人类生产最多而且不会被损耗的就是各种思想，只要愿意，你就可取回加以学习与借鉴。我一直信赖这样的影响。现在我更愿意像一个学习者那样重读并重新思考。（其实我在一个笔记本里记录的只是对汉字的眷恋，我希望它们恰如其分地留在那里。）

　　我难以逼迫自己生产有趣的思想，我只是乐于写下，随手流动。下午在散步时，又想到那些黑白不分的颂扬者，其实最核心的还是智力与理解力的缺陷，他们完全掉在一个混沌不清的洞穴之中，却认为那里最适合自己，这也可能是真的。

　　　　是的，凭借一些世界的颤动，
　　　　我们知道写下的文字，
　　　　现在被风带到哪里，
　　　　然后在更远的地方，
　　　　找到自己的安慰。

　　是的，直到最终的遗忘。某一类的写作渐渐地已经到了头。

　　我正经历因为理解与接纳而到来的新时刻，仿佛我为自己设置了一个全新的只属于我的时钟。我几乎克服了对宰制者的怨恨，这说起来好有趣。我把所有的生存看成了一种命运，不仅是某个人的，也是我的，也是这个时代、这个国的。

　　人类境遇的千变万化，也有最难以道明的因素，比如为什么到你这儿就变坏了？为什么你总是没选对，诸如此类，政治的、经济的、文化的各种原因。但不要忘了，有的就是那奇怪的命。

接受这一切，再来说如何活得更好一些，如何使这样的"更好"有益于世道，我以为存在的革命，便是要从这里开始。有人会以为这可能也成为一种帮闲，我现在想说的是，有一些判断，或许要交给时间，所谓的好坏，其实是一个历史的概念。

放弃宏大而令人狂躁的责任，在小的努力中使自己先变得干净、清洁、无害一些，温和、耐心、不放松、不放任，在"活"中安顿自己。端起一杯淡酒，如果真的是好酒，就开怀喝了它。

2019 年 1 月 9 日

一层层剥开，一定会看到人成长的真相

曾经说到生活中的一些人表现得特别傻，大家都觉得他很傻，但是没想到很多人还是被这样大家都认为很傻的人给骗了，被骗之后可能还有很多人并不会醒悟过来。其实，骗你的人一点都不傻，傻的是你自己，甚至你被骗了，都很难醒悟。

生活中这样的事情不少见，可能很多人都遇到过，只是大部分人都不愿意说出来，或者说大部分人甚至连辨别与自我反思的能力都不具备，所以还是会继续被骗的。不仅被聪明的人骗，也会被傻的人骗。

有一个朋友跟我聊到一个话题，说社会总是一个竞争的社会，尽管竞争的方式有所不同。在一些更讲究法律的国家，社会发展更均衡的国家，它们竞争的方式跟一些相对比较落后、法律又不健全的国家

比是不同的。

　　我说"这个是当然的"，但是我们先不把话题说到那么远去，还是说说我们自己的处境。比如说中小学教育这些年的改革很多，各种各样的政策不断出台，好像国家都替你想好了，但是国家想好的那一部分如何实施，这不一定都能做到位，即使实施都做到位了，对家庭来说，能完全按照这些政策在家里执行吗？

　　其实，还是很难的。因为每个家庭都是不一样的，家庭思考的核心问题也是不同的，那些"国家想好了的问题"与家庭的奋斗目标是差得太远的。

　　就像大家经常说的那句话，叫"条条大路通罗马"，但是有的人就住在罗马，所以他的奋斗目标不是到罗马去，而是在罗马城里有更高的生活水平、有更广阔的发展空间。条条道路本身的差别也是很大的，你说从罗马城外进到罗马，那是比较容易的，但要是从阿拉伯去，从以前欧洲人说的远东地区去，可能去罗马城玩一次，就是这一辈子最大的使命。这个话绕得有点远了，但这么说的目的也是为了让大家一听就能听得懂。

　　我们要说到竞争的社会，其中的学业竞争是非常重要的竞争方式，因为对于一个发展中的社会，它给你设计出来的最主要的一条竞争之路，就是学业的竞争。从开始读小学、读初中、读高中、读大学，这里各条路都是有差别的，最后进的学校也是有差别的。比如说你进了重点学校的话，如果顺利毕业，各方面的起点是很不一样的，这个谁都明白，所以谁都会首先想到在学业竞争里面胜出。

　　对于学业竞争，我们又可以接着问下去，学业竞争主要靠什么？比如说靠遗传，遗传总是大家容易想到的，但是遗传并不是一代就能实现的。中国人经常说你的祖坟从来不冒青烟，那么，你这一代人要想发达是很困难，是吧？人类学家发现人的智力发展，它是要经过好多代人的努力积累下来的这种文明财富在遗传里面发挥作用。

有一些父母觉醒了，就从自己这一代开始，父母、孩子改变，孙子改变，曾孙改变，那就像愚公移山一样挖啊挖。说实在的，对于愚公（移山），你只能把它看成是一则寓言。在真实的生活中，我们要不停地努力才有改变的可能，这个办法可能还是很笨拙的，但是笨拙的办法至少也是所有办法里面最容易选择的，虽然是最难做的。

所以家庭的觉醒，家庭对文化的重视，家庭对孩子学业处境的重视，这些就变得很重要。你看看这些年来，虽然底层逆袭也有其他因素，但是这往往都离不开父母对孩子学业的重视、父母对孩子用心的培养。

此外，我们也要看到学业竞争是非常激烈的。学业的压力非常大，那就需要有两个因素：一个是身强力壮，身体强能够抗疲劳、抗挫折；一个是心理素质要高。

大家会发现一个人的心理素质，又跟童年的生活、跟父母的关系、跟同学的关系、跟老师的关系是紧密关联在一起的，所以就会产生另外一个话题：人际关系可能决定了孩子的身心健康与否。

这类话题是可以一直关联下去的，这会使得很多父母明白，我们要做的事情就是正确的事情，其实大家都是这么做的，大家都会选择应该怎么做，这种做法终归会有更好的效果。这是一种常识，更是最值得父母信赖的一种常识。

2022 年 5 月 25 日

哆哆嗦嗦

总有一天，可能也含有必然，人们又会发现，唯有诗歌才能说尽世上最复杂微妙的情感。更重要的是，只有在各种密语中才有真正的淋漓尽致，无论如何的率性都转化成了"此处通过"的免检证明——当然，这仍是一厢情愿。不过就智力指标而言，大概也只有某个最高级别的"解梦机构"才有破解诗人呓语的能力。

那天我住进了一座熟悉的校园，酒店楼下新开了一家 24 小时的书店，只是仍有打烊时间，就是营业时间结束之后，你可以在书店里看书到任何时候。我看中了一本里尔克的《穆佐书简》，可惜不能把它买下带走。随意读起来，忽有一个领悟，我不也是一个耐心的倾诉者吗？只不过有时并无特定的对象而已，我愿意说给你听，把你从下午的恍惚中带到愉快地驻足。我这样说着，是为了使自己能够找到一种语调。

老班告诉我，我实在不想见某些人了，心里只要思及，就免不了厌恶，怎么还要为一个理由勉强自己呢？这就是必须正视的撕裂，哪里能想到日子又过成了这样？我说你看这家茶餐厅多么雅致，还真是只适合低声闲聊，就是两个老男人，也得大端处相通才行呢。

走在重新修成老城样子的城中，随意看看都是愉快的。遗憾的是现在的眼睛总是不大中用了，就无意多看什么，有合适的地方就坐下来，又说起老话题。

这也是"亚自由"中的一种，现在不时有人夸我比之前通透圆润了很多，不是指更胖了吧？我说我赶紧做事，赶紧说话，赶紧生活哈。我用另一种热情使自己不颓唐下去。

"别挡住我的阳光。"这也是时间过得飞快的人对自己的怜悯。我先怜悯自己。"自由就是忘掉独裁者的名字。"这是布罗茨基到美国之后写的句子吧，仿写一句：所谓的不自由，就是惦记着独裁者的嘴脸。有时还会特地、由衷地、持续地多看几眼，就像我那天一早起来要赶路，拉开窗帘，越过校园中梧桐树的枝丫，看到小广场上站着的那个灰白色的人。哈，站直了，你别哆嗦。

2019 年 1 月 14 日

变革自我

变革自我也是维护尊严的一种途径。作为老师，有时候你在某一个区域或者某一个学校，想要进行教育的变革与改善，可能是非常困难的。据理力争，其实是一件很费心费神费力的事情，最后也许能做的就只有用脚来投票了。所以变革自我，那才是极为重要的，也可以说是最根本的一种选择。这也是我多年来一直强调的：从能够改变的地方开始，但我们最能改变的，也许就是自己。

另外作为教师，我们要秉持一种立场，我们是一个专业工作者，我们有时候也难免受到各种各样的伤害，但是我们需要有勇气去面对——我不惧怕受到各种打击，我有勇气去解决自己所遇到的各种困难。也就是说，作为老师，首先需要有一种生命的主动性，不要轻易把自己放在一个弱者的位置上。比如争吵的时候失控，甚至于哭闹……这其实都是我们要努力避免的。教师时刻不要忘记，我们的这种专业的能力，应该能够带给我们更多的教育尊严，当这种尊严受到损害的时候，我们不要怀疑自身的教育能力，而是需要调动专业的理性与冷静，从而更细致地去思考如何应对。

在改善还有可能时，就要去协商讨论、就事论事、理智而又平和地来处理这件事情。当然，如果一切改善都不可能的时候，那就需要思考变革自己的处境了，这会是更为迫切的一件事情。其实这不是一个境界的问题，首先应该是一种素养，我觉得我们是需要提高这样的一种素养的。当我们胸有成竹的时候，我们会更为笃定、更为自信；当我们有勇气去面对各种困难的时候，当我们能够把自己的尊严看得更为重要的时候，这一切都会帮助我们心智成长。

可以这么说，今天所有教师面临的教育处境，确实是各种各样的、复杂的。提升我们的理解力，改善我们的应对能力，对自己的处境能够有更长远的思考，这样，我们就能够更多地回到自身，回到各种可能性中去面对复杂处境。即使处境有时候尴尬、有时候难堪，但在任何一件事情里面，我们还是能够使自己获得腾挪与发展。

2018 年 9 月 21 日

关于"幸福"

下午三点，我坐在桌前的靠背椅上睡了好一会儿。醒过来时，有一种深深的甜蜜感，好像隐瞒了自己的某种感觉，真的不错。

想到上午看到齐泽克的一篇文章，文章里谈了"幸福"的话题。他说，在某些国家幸福是由这几个要素构成的：一是比较充足的物质生活；二是有一个对象可骂，反正有什么问题，都是这个对象的错。这个对象是一个他者，是一种投射。一方面，你被操纵；另一方面你又在他的身上投射了所有弱者对世界无力的理解与怨恨。另外，还有一个可以幻想的世界，也就是现实的彼岸。当然，我并不是去深究齐泽克的观点有什么高妙之处，就是一下子觉得也颇为有趣。

说到有趣，我想到其实我们今天所谓的思考对大多数人而言，还能称之为思考吗？在你思考的背后，你可能都不知道，也很少想到你是怎么思考的，你也可能极少想到你所有的情绪都被"一只手"掌控着，其实它也并不是老大哥的手。

今天的老大哥已经成长，已经变形，已经变成了一个超级老大哥，但他仍然在操纵着你，操纵的方法也更为巧妙。他抓住了你认知上薄弱的一环——你无法更深入而准确地思考自我。因为这个自我，一方面当然是在具体的掌控之中，所有的时刻、所有的点，我们都不能用"秘密"这个词了，因为没有秘密可言，就是所有的细节都在全盘的掌控之中。

当然，他还有一些像传统的老大哥一样笨拙的手段，但很多时候，掌控着一切的老大哥就像一个超人，他是不太在意你的情绪波动的，甚至他不会在意你的愤怒，在意你的敌意，在意你对他的仇恨。这种掌控，是一种超能状态。我会想到，我们已经成为另外一个形态的"园子"了，它既是渺小的，又是可检测的。当然，它也是可以操纵的。

刚才我在睡觉，要是老大哥真的关心我的日常起居的话，他会看见我在一张躺椅上露出放松而又甜美的笑意。笑意也覆盖了我越来越苍老的脸，他也会很松弛地看着我笑的。有很多时刻，你会觉得，如果抽去了焦虑的成分的话，对一个中年人而言，你好像踩在某种天鹅绒上的状态。我说的天鹅绒，使我又重回到齐泽克的话题，你的忧虑本身已脱离了对物质的具体的考量，你像一段老木头一样，牢牢地抓住了土地，虽然土地并非那么肥沃，但在春天依然会自然地抽芽。

那些单调愚笨的花也会自然地开放，你还会看到更多的花所组成的色彩。同时你也会想到，这样的花园是否还具有审美的价值？至于谁在操纵着这一切呢？可能很多时候都已经不是一个问题了。好吧，正因为它不是一个问题，有一些人现在反而感到一种迷茫：天啊，我还能思考什么？我还能做些什么？我还能等待什么？

这世界上真正的敌人，一个是死亡，一个是愚蠢。死亡终究是要到来，愚蠢也是无法避免的。面对那些过眼的各种话题、各种讨论，我有时会想其实更深入一点点地去想象这个世界，它本身已经是很艰难的一件事情。

2018 年 4 月 4 日

书中的人生

我经常会怀疑别人对我书的喜欢。

我总觉得，真的值得喜欢吗？有哪些东西确切地打动了你？从我的书里，你看到了自己的人生？就像有人说的那样，好像他想说的，被我说了出来。但那样的时刻好像不多吧，我真的写不出更多的属于别人的人生，是吧？

书，当然也是有年龄的。比如说我现在的书，就充满了中老年人的气质。我也搞不清楚，我现在是算中年还是老年，姑且称之为中老年吧。是那种木头的气息，老木头里还有一股芬香，虽然很淡，但是很可能更多的是不太好闻的味道吧——缓慢的，琐碎的，虽然经过了大脑，但更多是带着个人经验痕迹的这些混杂的声音。

当然，一个人喜欢一本书总是跟年龄有关。一般来说，什么样的年龄就读什么样的书，只有《奶蜜盐》似乎有点奇怪，它也能让小朋友们读得懂，还觉得挺喜欢的。比如说前几天，有一个 10 岁的小男孩，花了一整个晚上的时间，打着手电筒，偷偷在床铺上看了一遍。第二天，也不是被妈妈发现，而是孩子自己向妈妈坦白。他说花了一个晚上看完，觉得《奶蜜盐》写挺好的。他的母亲也没指责他什么。

这孩子与自己的父亲关系有点紧张，有隔膜，彼此都不喜欢对方——儿子不像父亲的儿子，父亲不像儿子的父亲。当然，症结是出在父亲身上。大概孩子的父亲在外面的生活比较投入，乐趣也比较多，回到家，他就像一个局外人一样。他没有融入到自己更应该有的生活，没有带领着儿子过更健康、更丰富的生活，所以小男孩在《奶蜜盐》书里得到了某些安慰，也获得了一些他的理解力。

我当然希望这样的书能够被人接纳。有的书，是你费了自己很多心思；有的书，包含着你对自己人生的总结。人很好玩，如果你写作的话，你的人生似乎就有说不完的故事。写作能帮助你复活自己的记忆，最后你也不知道自己所说的是真的，还是你所想象的，但是它创造了一种情境，这样的情境帮助其他人"获得了自己"。

刚被一个电话打断了，但我还有一些话还没说完。在火车上录音，周围肯定很吵。但坐在火车上最大的好处就是你会专注于自己，比如说自我缅怀吧，当然这么说并没有含有感伤的成分。这样为了具体的目的坐车前往，到那个具体的目的地就是为了完成一个任务，有的时候这种任务像一种使命，有的时候这种任务就是具体的任务，它也不太像"互约"。但任务会让你比较专注，不会陷入沮丧。当然，回程的时候就不是这样的了。但不管怎么说，只要你去思考自己的人生，你就会有一些新的领悟，好像生命最适合的就是用来没完没了地思考自己。

我经常会有这种感觉，就是当你阅读的时候，你会被写作者带到很多地方去，这些地方，并不是写作者要带你去的，是他给你指出一条路，而后你自己去走。当然，我的书也是如此吧——它给你指出一条路，而后你自己去走，而后你在书中看到了自己的人生。这也不错，是吧！

2018 年 1 月 16 日上午